문화콘텐츠학 총서 006

# 에스닉 문화콘텐츠

-정체성 · 장소성 · 역사성-

# Ethnic & Culture Contents

문화콘텐츠학 총서 006

박치완· 유제상· 안효성 외 지음

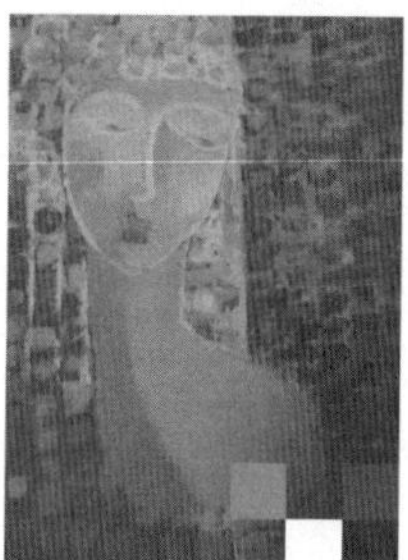

# 에스닉 문화 콘텐츠

## 정체성 장소성 역사성

HU:iNE

# 프롤로그

에스닉(ethnic)은 통상 인종적·민족적·종족적·민속적인 고유의 어떤 특색을 가리키는 데 사용되는 단어이다. 그것은 각 민족이나 국가에서 공통적으로 공유하며 타 문화와 구별되는 독특한 양식을 가리키고, 역사적으로 서양 문화권에서 바라본 비서구 타자 집단의 속성을 가리키는데 주로 쓰여 왔음을 감안할 때, 한 국가 및 사회 내의 주류집단(중심세력)에 대칭하는 이방인 비주류집단(주변세력)의 문화 정체성과 관련되는 용어라고 생각하면 큰 무리가 없을 것이다. 동시에 에스닉은 종교·언어·관습·국적, 그리고 정치적 정향 등 정체성 조형에 개입하는 다양한 요소들을 포함하는 상당히 광범위한 개념으로 사용되기도 한다. 오늘날 에스닉은 소수민족에 해당하는 민족 공동체나 그들의 정체성, 또는 종족(민족) 간의 불평등한 위계관계는 물론, 각종 하위문화를 향유하는 비주류 소수 집단을 폭넓게 지칭한다. 따라서 세계화가 정점에 달한 근래에 에스닉 문제는 그 어느 때보다 다양하고 복잡한 형태로 존재하며 많은 나라들에게 새로운 과제를 부여하고 있는 실정이다.

본서의 박치완이 언급하고 있듯이 에스닉 정체성에 관한 물음은 본질적으로 '장소'에서 파생되는 것이다. 주지하듯 다수의 인간이 거주하는 장소에서는 대개 서로 다른 많은 이들이 뒤섞여 살게 되고 특정 인구집단의 유입과 유출이 반복되는 가운데 서로 장소를 분점하고 어울려 지내게 된다. 그런데 그때 그들이 결코 서로 대등하고 평화로운 관계에서만 살아가지 못한다는 현실이 문제를 야기한다. 자고로 인종과 민족/종족의 차이, 향유하는 문화의 차이, 발급받은 시민권 소유의 여부, 거주지의 차이 등은 각자가 속한 집단들 사이에 각종 유무형의 분할선을 만들고 배타와 갈등, 권력과 부의 불균형을 정착시켜왔다. 그런데 이러한 현실은 어쩔 수 없는 자연스럽고 필연적인 결과가 아니라 다분히 정치적인 개입과 조작의 산물이라는 것은 몇 번을 강조하더라도 지나치지 않을 것이다. 중심세력의 주동 하에 사람들의 인식과 현상의 공간을 중심과 주변이라는 이분법으로 나누고 '평균적 인간'의 이데올로기를 생산해 유포시키는 방법으로, 소위 평균적 인간에 해당하지 않는 '평균 이하'의 주변부인들을 철저하게 그 사회의 하위주체로 배치함으로써, 그들을 "'비장소(le non-lieu, non-places)'에의 거주" 상태에 몰아넣는 지속적 폭력이 자행되어 온 것이 인류 역사의 안타까운 현실이다. 에스닉 문제는 결국 이런 정치적 맥락 위에서 존재하는 것임을 주목해야만 한다.

얼마 전 소식통들은 130년 전통의 다큐멘터리 매체 〈내셔널지오그래픽〉이 지난 수십 년 동안 그들이 만들어온 잡지에서 드러낸 인종적 편견을 인정하고 성찰했다는 소식을 전한 바 있다. 〈내셔널지오그래픽〉은 미국 국립지리학회가 인류의 지리 지식을 확장시키겠다는 기치 아래 1888년 잡지를 창간한 이래 세계의 지리뿐만 아니라 자연·인류·문화·역사·고고학·생태·환경·우주에 이르는 다양한 분야를 심도 있게 다루어온 권위 있는 종합 교양지이며 전 세계적인 사랑을 받는 유명 매체이다. 그런 그들이 2018년 4월호를 '인종'을 주제로 하는 특별호로 제작하면서 그들의 과거를 돌아본 결과, 지난 기간 대부분의 글과 이미지에서 백인을 우위에 두고 황인과 흑인을 하위에 두는 인종 계층을 재생산했다고 결론 내린 것이다. 그들이 스스로 밝힌 바에 의하면, 가령 〈내셔널지오그래픽〉의 지면에 등장하는 대부분의 흑인종은 원시적이고 기술적 혜택을 받지 못한 상태의 모습으로, 간혹은 벌거벗었거나 야만적인 형태로 나타난다.

도시의 교육받은 아프리카 인종을 적어도 1970년대까지는 지면에서 찾아볼 수 없었다고 그들은 자인했다. 한마디로 〈내셔널지오그래픽〉 정도 되는 매체조차도 백인 중산층이 대부분인 그들의 독자들로 하여금 유색인종을 편향된 방식으로 인지하도록 이끌어 온 것이다.

그러나 〈내셔널지오그래픽〉 측은 단순히 자신들의 지난 과오를 돌아보고 반성하는 데 그치지 않았다. 감동적이게도 그들은 해당 내용을 실어 내보낼 〈내셔널지오그래픽〉 2018년 4월호의 표지 모델로 11살의 마샤 빅스와 밀리 빅스 이란성 쌍둥이 자매를 선택했다. 영국계 혈통의 어머니와 자메이카 혈통의 아버지에게서 태어난 이들 쌍둥이 자매의 한쪽은 금발의 흰 피부 소녀고 다른 한쪽은 검은 곱슬머리의 검은 피부 소녀다. 목도할 수 있듯이 다른 인종 간의 결합에서 피부의 표현형이 다른 이란성 쌍둥이가 태어나는 경우는 매우 드문 사례지만, 유전적으로 충분히 가능한 일이다. 〈내셔널지오그래픽〉은 신간 표지의 이미지를 통해 자신들, 아니 우리 인류가 걸어온 과거의 잘못된 길—폄훼하고 배타하는 인종적 편견을 지니고 그것을 다시 재생산하는 악순환의 길—에 종지부를 찍고, 모든 인류가 같은 뿌리를 갖는 동포라는 것을 확인하면서 인종과 민족, 문화의 차별이 없는 대화합의 지평에서 자연과 지리, 인류와 문화를 다루겠다는 다짐을 전하고 있는 것이라 할 것이다. 에스닉 문제의 과거와 현재, 미래도 〈내셔널지오그래픽〉에 묻어난 과거의 과오, 현재의 성찰, 미래의 비전과 다르지 않다. 사실 앞서 언급한 〈내셔널지오그래픽〉에 관한 뉴스는 고스란히 에스닉 문제의 일환이다. 그리고 금번에 〈내셔널지오그래픽〉 측이 보여준 고민과 성찰이 바로 본서를 만들게 된 집필진들의 문제의식과 궤를 같이 한다는 점이 반갑기만 하다.

본서의 집필진들은 일찌감치 에스닉 문제를 역사사회적인 최대 숙제의 하나이자 매우 중요한 문화적 이슈의 하나라고 판단하였다. 그러나 막상 둘러보니 한국 사회에서는 일부 패션이나 요식업, 해외 원주민 관련 자료나 연구를 제외하면 에스닉에 대해 집필진과 같은 문제의식을 갖고 천착해 들어간 학술적 연구물은 사실상 전무한 실정이었다. 그와 같은 현실은 의외였고 실망스럽기도 했지만 한편으로는 다행스러웠던 것도 사실이다. 에스닉 문제에 대한 정치사회적·문화적·철학적 차원에서의 연구를 국내에서 선점할 수 있겠다는 욕심과, 이 분야 연구에 학계 제현(諸賢)의 동참을 호소하고픈 열의가 동시에 솟구쳤기 때문이다. 갈 길이 멀지만 우선은 집필진들의 주 연구 분야와 학문적 역량을 고려하여 문화콘텐츠와 에스닉 문제를 연관시켜 연구를 진행하였고, 영화·문학·게임 등의 콘텐츠 공간에서 다루어진 에스닉 정체성의 문제를 일정한 철학자들의 이론과 관점을 빌어 분석하고 비평하는 방식을 취했다. 본서는 그와 같은 연구 기획 하에서 여러 차례의 발표와 논의를 거쳐 취합된 결과물이다. 미답지를 개척하려다보니 당초 욕심낸 만큼 깊이 있고 정교한 연구 결실에 도달하지 못한 면도 있고, 더 많은 글을 모아 통일성 있고 체계적인 얼개를 가진 책으로 묶지 못했다는 아쉬움도 있는 것이 사실이다. 목표 기일보다 책의 출간이 늦어지는 등 여러 모로 작업이 수월하지만은 않았다. 그러나 본서에 담긴 한편 한편의 글들은 쉽지 않은 문턱을 넘어선 집필진의 노력의 산물이다. 에스닉 문화콘텐츠라는 공통분모 위에서 다양한 소재와 주제에 대해 집필진 각자가 독창적인 관점을 발휘하여 연구를 수행하였고, 일반 독자와 연구자들이 두루 만족할 만한 적절한 수준의 내용과 가독성을 갖추도록 적극 배려하였다.

총 9개의 글로 구성된 본서의 내용을 소개하자면 다음과 같다. 먼저 서두에서 박치완은 재러 고려인 작가 박미하일의 소설 『헬렌의 시간』을 중심으로 문학 공간에서 드러나는 에스닉 정체성의 문제를 분석한다. 박치완은 롤랑 바르트의 '독자가 곧 공간 자체'라는 독자론에 준해 리쾨르의 '이야기 정체성'과 쟝켈레비치의 '평화적 의식' 개념을 활용하여, 그간의 소설에서 디아스포라적 에스닉 정체성을 서사의 중심에 두어 온 박미하일이 『헬렌의 시간』이라는 그의 마지막 문학 작품에서는 정체성 물음을 해체시킴으로써 정체성에 대한 실존적 물음을 획기적으로 진화시키고 있다고 설명한다. 박미하일은 한국에서는 재러 한인작가로, 러시아에서는 고려인작가로 호명되는 방식으로 두 길 사이에 정체성이 애매하게 걸쳐 있던 에스닉 작가였다. 하지만 그는 『헬렌의 시간』에서 소설의 배경과 소재를 오롯이 '한국적인 것'으로 변화함으로써 한국과 러시아 간의 문화적 차이나 차별에서 비롯된 고뇌의 흔적을 지우고 명실상부한 한국인 작가로 재탄생한다. 보통 스스로 벽을 만들어 타자에게 반감을 표출하는 뿌리 들린 이방인들과는 달리, 박미하일은 자신의 뿌리인 '한국적인 것'을 몸과 마음, 의식과 무의식을 다해 추구함으로써 자신의 이야기 정체성을 획득하고, 이야기 공간 속에서 '뿌리 내린 자의 당당함'으로 타자(독자)들과 함께 사는 평화적 의식의 길을 선택했다는 것이 박치완의 통찰이다.

김기홍은 영국영화 〈톰 하디의 도망자〉 속에 등장하는 에스닉 공간에 대해 연구하였다. 1960년대 초반 프랑스 외인부대의 일원으로 알제리 전쟁에 참가한 영국인 머레이를 주인공으로 하는 해당 영화에서는 알제리-프랑스인인 '피에누아(Pied-Noir)의 에스닉 정체성 문제가 중심에 놓인다. 본토 프랑스가 아닌 식민지 알제리에서 나고 자란 프랑스인이기에 프랑스인도 알제리인도 아닌 어중간함과, 알제리인을 착취한 가해자이자 정치적 희생자로서의 다중적 입장에 처했던 피에누아는 혼란스럽고 모순적인 에스닉 정체성의 독특한 성격을 잘 대변해 보인다는 것이 김기홍의 생각이다. 나아가 김기홍은 영화 속에서 알제리 원주민, 프랑스 점령군, 영국인을 비롯한 다국적 용병들, 알제리에 정착한 프랑스인들, 프랑스인들에게 부역한 알제리인들 등 여러 에스닉 그룹이 혼재하며 폭력적으로 충돌하는 양상을 통해, 에스닉 형성의 요체가 이질적인 것들의 상호관계에서 수반되는 타자에 대한 시각과 그에 반영된 자기규정임을 잘 이해할 수 있다고 주장한다. 또한 김기홍은 영화의 에스닉 공간이 그 자체로 에스닉을 생산하는 기제라는 점에도 주목한다. 그는 〈톰 하디의 도망자〉가 표면적으로는 중립성을 가장하고 있음에도 불구하고, 유사 리얼리즘적이고 계몽적이며, 모던적·유럽적 시각을 견지하는 등 서구중심주의 휴머니즘을 전개하는 기만과 위선을 시전하고 있다고 경고한다.

김소영은 이란 영화 〈씨민과 나데르의 별거〉를 통해 서구의 대표적인 대립적 타자로서 이란이라는 에스닉 문화공간의 특성에 대해 서술한다. 김소영은 영화 속 등장인물들의 갈등과 대립을 그람시의 헤게모니 이론에 입각해 해석해 가면서 이란에서의 법과 종교(이슬람교), 여성과 교육의 관계와 그것들의 특징을 드러내 보인다. 김소영은 먼저 이란의 법이 사회적 계층에 따른 개인의 삶에 직접적으로 영향을 미치되, 이슬람교가 국교로 지정되어 있기에 이슬람법에 저촉되는 법의 시행을 헌법이 금지하고 있는 등, 종교가 법보다 우월한 위치에 있는 이란의 헌법은 서양의 헌법과 그 지위와 성격이 다르다는 점을 영화의 극적인 장면들을 빌어 수월하게 전달한다. 또한 교육 역시 종교의 규제 하에 있고 여성에게는 교육의 기회가 충분히 주어지지 않는 모습에서 법과 종교 그리고 교육이 여성과 하층민에게 불리하게 작동하는 이란의 현실이 영화에 어떻게 반영되고 있는가를 설명한다. 그러면서도 김소영은 영화 속에서 갈등과 대립의 두 축을 이루는 것이 보편적인 중산층 부부와 하층민 부부임에 주목하여 이란에서조차 사회구조적 모순이 경제적 계급 갈등으로 드러남을 줄곧 강조하고 있다.

김성수의 글 아르네 네스와 〈반지의 제왕〉은 톨킨의 원작소설을 영화로 옮긴 피터 잭슨의 〈반지의 제왕〉을 에스닉 문화의 관점에서 분석한 독특한 연구다. 김성수는 〈반지의 제왕〉이 인류와 종족의 환경, 자연과 산업과 같은 주제들까지를 망라한 작품이라고 평가하면서 특히 아르네 네스가 주창한 심층생태학의 관점에서 〈반지의 제왕〉의 세계관을 논의한다. 심층생태학은 인간을 생태계의 일부로 보며 전체 생태계를 위해서 인류의 이익보다 자연환경 전체의 존립을 더 우선시해야 한다고 주장하는 생태 중심 이론이다. 김성수에 따르면 〈반지의 제왕〉이 그리는 중간계에서 엘프족들은 숲을, 드워프족들은 산을, 호빗족은 잘 가꾼 전원을 구체화한 에스닉 그룹으로 보이며, 특히 자연친화적이고 생태계의 일부임을 자처하는 숲의 요정 엘프족의 삶과 세계관이 가장 심층생태학적이다. 한 마디로 〈반지의 제왕〉에서는 환경 문제 역시 에스닉 공간의 배경이 되며, 엘프나 엔트족 등 이야기에 등장하는 각 종족들이 그에 대한 내용을 표상하고 있다는 점에서, 〈반지의 제왕〉이 급진적 환경운동의 맥락을 내포한 에스닉 문화적 작품으로서의 의미를 갖고 우리에게 시사점을 준다는 것이 김성수의 결론이다.

안효성은 프랑스 장편영화 〈코뮌〉을 통해 1871년의 파리코뮌과 에스닉 문제를 연결시킨다. 영화 〈코뮌〉은 파리코뮌의 빈민과 노동자 문제를 오늘날의 에스닉 그룹과 연결 짓고 있으며, 에스닉 문제의 본질은 경제적인 것임을 주장한다. 거기에 착안하여 안효성은 현대 사회에서 급증하는 다문화 사회의 출현과 그에 연동된 에스닉 공동체의 갈등을 해결할 수 있는 묘안으로 공화주의의 급진적 강화를 구상한다. 다만 역사적 특성상 강한 공화주의의 전통을 가지고 있는 프랑스조차 작금에 와 에스닉 갈등으로 고민하고 있는 현실을 흥미롭게 여기면서, 그것이 프랑스가 자신들의 공화주의 이념을 계급적으로 후퇴시키고 통합과 단일을 강요하는 보편주의에 치우쳤기 때문이라고 판단한다. 안효성은 프랑스가 혁명기에 상상한 참된 공화주의의 이상이라고 할 수 있는 '사회공화국(social republic)'의 모델을 되살릴 것을 요청한다. 그는 급진적 공화주의의 실험장이었고, 비록 부르주아 의회정부에게 패해 실패했지만 보편의 강제가 없는 완전한 평등의 공간을 지향했던, 1871년 파리코뮌의 성취와 의의를 영화의 맥락과 마르크스의 코뮌에 대한 평가를 통해 부각시켜 보인다. 파리코뮌에서 에스닉 문제를 해소할 수 있는 단서로서 사회공화국의 모습과 가치를 찾을 수 있다는 것이 안효성의 생각이다.

박성준은 SF 영화 〈디스트릭트 9〉을 에스닉 문화콘텐츠의 하나로 분석해 들어간다. 박성준은 지구인들이 요하네스버그에 불시착한 외계인을 특별 구역에 격리시키고 차별하는 내용을 담은 〈디스트릭트 9〉이 인종차별이 극심하던 남아프리카공화국의 현실을 차용했다는 점에 착안하여, 〈디스트릭트 9〉으로부터 에스닉 그룹에 대한 거대한 집단적 박해의 메커니즘을 추출해낸다. 르네 지라르는 모방의 욕망과 차이의 소멸

사이에서 갈등과 폭력이 발생한다고 주장했다. 그는 문명과 문명 간의 갈등, 인종 간의 갈등, 개인 간의 갈등이 모두 차이가 아니라 차이의 소멸에서 비롯된다고 보았다. 닮았기 때문에 경쟁하고, 경쟁하기에 갈등과 폭력이 뒤따른다는 것이다. 또한 지라르에 의하면 추종자는 매개자를 모방함으로써 매개자의 지위를 찬탈하고자 하고, 매개자들은 차이의 소멸을 경계하여 추종자들에게 모방당하지 않기 위해 그들을 (여러 유형의) 게토에 격리시키고자 한다. 바로 이런 메커니즘 하에서 출현한 것이 남아공의 아파르트헤이트 정책인데, 영화 〈디스트릭트 9〉에서 외계인 프론들에게 인간이 가하는 박해 행위가 바로 그것의 재현이며, 인간이었다가 사고로 인해 프론으로 변하여 인간들에게 쫓기게 되는 주인공 비커스의 존재는 지라르가 언급한 희생양 메커니즘의 현현이라고 해석함으로써 박성준은 에스닉 문화콘텐츠 분석의 지평을 넓히고 있다.

이영아는 영화 〈그레이트 뷰티〉를 통해 위대한 문명의 도시 로마를 에스닉 공간으로, 위대한 삶을 살아온 현대 로마 지식인의 자기정체성 정립을 에스닉 정체성의 차원에서 취급하는 매우 파격적인 글을 선보인다. 이영아는 첫째, 〈그레이트 뷰티〉에 등장하는 로마가 유럽의 아주 작은 일부에 해당하며, 현대 로마인들이 그곳에서 그들만의 가치관과 생활양식을 영위하고 있기에 고대의 로마와는 달리 현대의 로마는 보편적이지 않은 특수한 공간에 지나지 않는다는 점에서 로마를 에스닉 공간으로 취급하는 것을 주저하지 않는다. 둘째, 〈그레이트 뷰티〉의 주인공 '젭'과 그가 속한 상류 1% 계층의 사람들은 더 이상 '노블레스 오블리주'를 고귀한 덕으로 여기던 고대 로마의 귀족과 같지 않고 경제적 지위를 기반으로 그들만의 폐쇄적인 네트워크를 형성하고 있을 뿐이라는 점에서 역설적이게도 에스닉적 정체성을 갖는 것으로 간주한다. 이와 같은 전제 하에서 이영아는 현대 로마의 지식인들이 신귀족주의 행태를 보이며 자유에 따르는 책임은 외면하고 스스로를 틀에 박힌 상류사회에 고립시키는 '자기기만'과 '인간소외'를 자초함으로써 대단히 구차한 정체성을 소유하게 됨을 지적하고, 그들이 거주하며 향유하는 상징적 공간으로서의 로마 역시 폐쇄적이고 폭력적인 성향과 불평등한 논리에 젖은 집단적 자기기만의 공간으로 전락하고 있음을 폭로한다.

김희경의 글은 미국 내 라티노 에스닉 미디어의 역할에 주목한다. 에스닉 미디어란 소수 민족이 운영 주체가 되어 주류 사회의 언어가 아닌 소수 민족의 언어로 소수 민족의 이야기를 생산해 전달하는 미디어를 말한다. 에스닉 미디어는 주류 미디어가 외면하는 소수자의 목소리를 대변하는 다면적 공론장의 역할을 하고, 소수 민족들에게 자기 재현의 공간을 제공함으로써 주류 사회가 일방적으로 만들어내는 고정관념적 재현에 도전할 기회를 창출한다는 데 의미가 있다. 김희경은 특별히 미국 내에서 최대 소수 인종으로 부상한 라티노, 그 중에서도 동부 로스엔젤레스에 사는 10대 라티노를 주인공으로 등장시킨 트랜스미디어 에듀테인먼트 콘텐츠 〈이스트 로스 하이〉를 흥미로운 전범으로 소개한다. 라틴 문화를 고수하면서 미국 사회에서 경계인의 삶을 견지하고 있는 라티노는 보통 미국 사회에서 온갖 부정적인 이미지로 타자화 되어 있다. 뿐만 아니라, 주류 미디어들이 편파적으로 생산한 라티노의 이미지는 그들에 대한 부정적 인식을 강화시킨다. 그에 대해 김희경은 〈이스트 로스 하이〉의 경우 엔터테인먼트 방식과 에듀테인먼트 방식의 조화 속에서 다양한 미디어로 분기하며 높은 재미와 교육 효과를 전달하면서도, 라티노의 삶을 있는 그대로나 긍정적인 측면에서 비춰줌으로써 라티노는 물론 비라티노에게까지 큰 인기를 끌었다는 점에서 대안의 전형을 보여준다고 평가한다.

유제상은 〈스트리트 파이터〉, 〈파이널 파이트〉와 같은 일본 게임을 중심으로 게임 속 가상공간에서 나타나는 에스닉 이미지를 분석한다. 유제상은 1980년대 들어 게임의 이미지 표현기술이 발달하면서 게임 플레이어의 욕구를 충족시켜주기 위해 이국적인 느낌을 주는 에스닉 이미지의 등장이 늘기 시작했다고 본다. 그리고 그는 게임 속 가상공간에서는 지역성과 에스닉성이 일치하면서 지역성의 이국적인 성격이 강화되는 모양새를 띠었다는 것과, 그 이미지들이 현실을 충실히 반영하기

보다는 주로 이미지의 수용자인 플레이어의 선입견에 맞춰 과장되고 왜곡된 방향으로 재구성된 측면이 강했다는 것을 포착한다. 유제상에 따르면, 일례로 〈스트리트 파이터〉의 가상공간적 에스닉 이미지는 비록 아시아 3개국을 포함한 5개국을 배경으로 하였지만 오리엔탈리즘이 강하게 느껴지는 혼종문화적 분위기가 중심이었고, 개별 지역의 특수성은 무시되고 서구의 환경과 대비되는 이국적 이미지만이 강조된 관광적 재현에 치중되어 있었다. 반면 가상의 도시 메트로 시티를 무대로 한 〈파이널 파이트〉의 경우, 슬럼가·지하철·유흥가·공장 등으로 구성된 각 스테이지는 뉴욕의 특징적인 요소들을 차용하되, 일본인들이 주로 영화에서 인상 깊게 본 뉴욕의 이미지들을 반영하였다. 그것은 대중문화 속 도시공간의 구현에 해당하는 동시에 도시의 회색 이미지와 낙후된 위계성을 드러내는 방식으로 가상공간의 에스닉 이미지를 표출하고 있다는 것이 유제상의 설명이다.

이상에서 일별해 보았듯이 본서는 이상의 9가지 주제의 글들로 구성되어 있다. 그리 많은 수의 글은 아닐지 몰라도, 또 다양한 나라와 관련된 영화와 게임, 문학의 서사를 다루고 있어 제각각처럼 보일 수도 있겠으나, 모아 놓고 보니 제법 통일성이 갖추어졌고 원체 다양한 주제를 거론하고 있다 보니 각각의 글이 서로를 채워 주어 그 이야기의 풍성함과 완성도를 높여주는 측면이 없지 않다. 마치 일종의 연환계라 할까? 모쪼록 독자들이 본서를 읽고 인류 사회에 드리워진 에스닉의 문제를 한층 진지하게 고민할 수 있는 계기가 될 수 있기를 바라며, 저자들이 거론한 문화콘텐츠를 아직 접하지 못한 독자의 경우라면 이번 기회에 직접 찾아 감상해 볼 수 있기를 권한다. 나아가 유사한 문제의식을 담고 있는 더 많은 문화콘텐츠를 섭렵해나가는 것도 권해본다. 끝으로 본서가 많은 독자 제현들에게 어떤 방식으로나마 자극과 도움을 줄 수 있기를 진심으로 고대한다.

이번 출간을 위해 한국외국어대학교 글로컬창의산업연구센터(GCIC)에서는 2016년 5월, 용인송담대학교와 공동 주최한 2016 춘계공동학술대회 〈영상콘텐츠의 현황과 문화적 특질〉을 시작으로 2016년 8월, 한국외국어대학교 철학문화연구소와의 공동 주최 〈문화와 타자〉, 2016년 11월, GCIC 추계 학술대회 〈영화와 에스닉 그리고 이미지텔링〉 등 여러 차례의 학술대회를 개최했다. 문화콘텐츠 속에서 표현된 에스닉의 가치를 분석하고 학문적 대화를 나눌 수 있는 뜻 깊은 시간을 지나 오늘에 이르게 되었다. 그 과정에서 우리는 대중의 눈높이에서 문화콘텐츠 속에 표현된 에스닉을 공간 단위로 구분하여 해석하고자 했던 첫 시도, 또 에스닉의 특성을 소외-회귀-가상-신화 등의 공간성으로 구분하고자하는 시도까지 여러 과정을 거쳐 왔다. 결코 짧지 않은 기간 동안 기획과 논의를 거쳐 이 책이 완성되었고, 우리의 결실이 문화콘텐츠의 연구 영역을 확대할 수 있는데 기여했으면 하는 바람이다. 본서를 출간하기까지 많은 격려를 해주신 한국외국어대학교 대학원 글로벌문화콘텐츠학과 교수님들께 먼저 감사드린다. 그리고 기획, 발표 단계까지 참여하였으나 개인적 사정으로 본서에 원고를 수록할 수 없게 된 분들께도 이 자리를 빌어 감사의 인사와 더불어 죄송한 마음을 함께 전한다.

2019년 1월

집필자를 대표하여 안효성

# 차례

Ethnic & Culture Contents

# 에스닉 문화 콘텐츠

# Ethnic & Culture Contents

# 1

# 박미하일의 문학 공간과 에스닉 정체성

## -『헬렌의 시간』을 중심으로

박치완

**박미하일, 『헬렌의 시간』, 상상, 2017.**
개요 : 소설 〉 러시아소설 〉 러시아소설일반
저자 : 박미하일

"유민(流民)의 문제를 글로 쓴다는 것은 끝없는 자기양육(s'autoalimenter)이라는 이중의 운동에 속한다. 한편으로는 이야기 속에서 그리고 이야기에 의해서 주인공의 정체성이 끝없이 질문하거나 재형상화하는 자기성찰적인 운동이며, 다른 한편으로는 그것이 혈통적인 것이건 사회적인 것이건 경험적인 것이건 하나의 집단을 재현하고 고지하기 위해 개인의 역사를 초월하는 증언의 표현이다."

- D. Leroy et A. Spire, "Écrire la migration, écrire en migration(s)".

**작가 – 문학 공간 – 독자**

'문학 공간' 개념은, 바르트의 「저자의 죽음」을 통해 널리 일반화되기 이전에,[1] 소설가이자 비평가이며 철학자이기도 한 모리스 블랑쇼에 의해 처음으로 공식 소개되었다.[2] 블랑쇼는 자신의 『문학 공간』이란 저서에서 전통의 작품, 작가, 영감 등의 개념에 대한 의문 제기와 함께 언어(langue)의 힘은 구구하게 표현된 것(signifiant)에 의해 제한되지 않고 개별 단어(mot)나 단어들 간의 침묵 속에도 숨어있다는 점을 역설했다.

이러한 블랑쇼의 주장은 이미 그의 첫 번째 저서인 『문학이 어떻게 가능한가?』[3]에서부터 이미 싹을 키우고 있었다고 해도 과언이 아니다. 블랑쇼에게 '문학 공간'은 다른 공간들(géographiques, politiques, sociaux, imaginaires)처럼 객관적 기준이나 엄밀한 분석이 요구되는 공간이 아니라는 게 핵심이며, '순수한 문학적 경험'만이 문학에서의 "'절대'의 조건"이라는 데 있다.

순수한 문학적 경험은 당연 개인차가 있을 수 있다. 결국 블랑쇼는 문학 공간의 개인차를 비평계의 객관적 기준보다 작가의 입장에서 옹호한 것이라 할 수 있다. 이러한 블랑쇼의 다분히 근대적이면서 동시에 탈근대적인 작가론 또는 '문학철학'은 바르트, 푸코, 라캉, 데리다와 같은 탈근대주의자들에게 연계되면서 문학 공간 개념의 의미망은 문학비평 영역에서 벗어나 철학, 정신분석학 영역으로 확대되었으며, 이제는 이 개념이 인문사회학계에서도 거의 상식처럼 통용되고 있다.[4]

문학 공간 개념은 이와 같은 의미의 확대 과정을 십분 고려할 때, 이

---

1 Roland Barthes, "La mort de l'Auteur", *Le bruissement de la langue*, Seuil, 1984 참조.

2 Maurice Blanchot, *L'espace littéraire*, Gallimard, 1955 참조.

3 Maurice Blanchot, *Comment la littérature est-elle possible?*, José Corti, 1942 참조.

4 이에 대한 보다 상세한 논구는 *Qu'est-ce qu'un espace littéraire?*, sous la direction de Xavier Garnier et Pierre Zoberman, Saint-Denis: Presses universitaires de Vincennes, 2006 참조.

를 일의적 의미로 고정시키려는 벽견(僻見)은 당연 버려야 할 것이다. 역설적으로 말해 문학 공간은 문학작품을 기점으로 전개되는 '다양한 해석의 공간'을 허용한다는 뜻이다. 프랑스를 대표하는 사회학자인 부르디외가 문학 공간 개념을 '문학장(champ littéraire)'이란 개념으로 새롭게 발전시킨 것도 그 단적인 증표라 할 수 있다. 부르디외에 따르자면 문학작품은 작가를 포함한 문학계뿐만 아니라 문학계 밖의 정치·경제·사회적인 제도, 구조 등의 영향으로부터 자유롭지 못하다. 그는 이렇게 작가의 사회적 역할(socialisation de la fonction d'écrivain)을 문학장 개념을 통해 성찰·조망하면서 일종의 '문학장의 사회학(sociologie du champ littéraire)'을 개척하기도 했다.[5] 결국 부르디외는 문학작품을 둘러싼 '저자' 혹은 '작가' 중심의 갑을논박을 사회와의 관계 문제로 이동시킨 것이다.

본고에서 필자가 심중에 두고 있는 문학 공간 개념은 블랑쇼나 부르디외가 부여한 의미와는 또 다른 유형의 공간이다. 블랑쇼나 부르디외보다는 바르트의 독자론과 더 친연성(親緣性)이 높다고나 할까.[6] 바르트의 독자론을 본고에서 차용한 까닭은 독자가 문학 공간 형성의 주도자라는 점에서 착안한 것이다. 하지만 그렇다고 해서 물론 바르트의 독자 개념이 박미하일의 『헬렌의 시간』을 분석하는 과정에 정확히 부합한다는 의미는 결코 아니다.[7] 요인즉 필자는 바르트의 독자 개념을 곧이곧

5 Pierre Bourdieu, *Les règles de l'art. Genèse et structure du champ littéraire*, Seuil, 1992; 김희영 외, 『문학장과 문학권력』, 한국외국어대학교출판부, 2009 참조.

6 '바르트적 의미'란 필자가 그의 다음 문장을 염두하고 한 표현이다: "독자는 공간 자체다. (…) 그는 단지 쓰기(l'écrit)로 구성된 모든 흔적들을 동일한 장(場) 안에서 재조립하는 '어떤 사람(quelqu'un)'일 뿐이다." - Roland Barthes, *op. cit.*, pp.66~67.

7 그 이유는 다음과 같은 두 가지 점 때문에 그렇다. 첫째로, 바르트의 '독자'는 어디까지나 '익명의 독자'이다. 뿐만 아니라 "익명의 '그'"는 '텍스트'라는 범주 안에 철저히 갇혀있다. 부언컨대 '그'는 단지 자신이 독서한 바를 '재조립하는 자'에 그친다. 바르트가 염두에 둔 '독서'란 결국 저자를 위한 것도 독자를 위한 것도 아니며 오직 텍스트를 위한 것이다.

대로 따르기보다, 앞서도 언급했듯, 문학 공간 형성에 있어 독자의 역할만을 상식선에서 차용하려 한다는 점을 미리 밝혀둔다.

박미하일의 작품 〈헬렌〉
(『헬렌의 시간』, p.123)

물론 독자가 작품 감상을 통해 새롭게 형성한(창조한) 문학 공간은 작가에 의해 제공된 문학 공간과 독립적일 수 없다. 일반적으로 독서행위는 이렇듯 저자에 의해 제공된 1차 공간과 독자가 독서과정에서 읽어낸(해석한) 2차 공간이 하나가 될 때 진정으로 '공감'이 형성된 것이라 할 수 있다. 그렇게 포개진 두 공간, 즉 두 세계가 만들어낼 제3의 공간을 예비하기 위해 바르트는 감히 '저자의 죽음'을 선언한 것인지 모른다. 해서 우리는 바르트에게 재삼 묻게 된다. 그의 주장대로, 과연 '저자'는 '텍스트'를 위해 죽은(죽어야 하는) 것인가? 그것이 텍스트 생산을 위한 유일한 방법인가? 물론 그렇지는 않다는 게 필자의 의견이다. 바르트의 극단적 비평론에 대한 찬반론이 여전히 진행형인 것도 이 때문인지 모른다. 그리고 바르트의 부인에도 불구하고 문학비평에 있어 작가의 전기나 전문비평가의 해석은 실제 독자의 독서 과정에 어떤 형태로건 독자에게 영향을 미치는 게 일반적이다. 게다가 바르트는 작가의 권위에 도전하기 위해 이렇게 무리한 수를 두었지만, 오늘날은 비평가의 권위 또한 나락으로 떨어진 상태라는 것 또한 주지의 사실이다. 그럼에도 불구하고 굳이 바르트의 학문적 기여를 찾자면 아마, 대개 그동안 독자는 작가의 1차 텍스트를 읽는 것으로 그 역할이 그쳤는데, 독자의 역할을 이 1차 텍스트를 기점으로 자신의 텍스트(제2차 텍스트)를 '생산'한다는 데서 그의 독자론의 의의를 찾을 수 있지 않을까 싶다.

본고에서 이렇게 바르트의 독자론을 차용해가면서까지 서문의 자락을 깐 이유는 근년 들어 국내에서 주목받기 시작한 재러 5세 작가 박미하일의 작품, 즉 그의 문학 공간을 필자의 최근 연구 관심이기도 한 에스닉 정체성이란 화두로 자유로운 독서여행을 시도해보기 위해서이다. 아래 본론에서 우리는 이러한 상식적이면서도 일정 부분 의도된 바르트의 독자관에 준해 박미하일의 최근 소설 『헬렌의 시간』에 다가서볼까 하며, p.리쾨르의 '이야기정체성'과 V. 쟝켈레비치의 '평화적 의식' 개념이 보조적 분석 장치로 활용될 것임을 밝혀둔다.

## 박미하일의 개인정체성과 에스닉 정체성

재러 5세 작가인 박미하일은 1949년 8월 14일 우즈베키스탄의 타슈켄트에서 출생했으며, 타지키스탄 두샨베 미술대학교의 유화학과를 졸업했다. 1976년 단편 「사울렌」, 중편 「밤샐 무렵」, 「검은색의 독수리」 등을 발표하며 소설가로 활동하기 시작했으며, 현재 그는 러시아작가협회 회원, 러시아미술가협회 회원으로 활동 중이다. 1998년부터 모스크바로 이주해 살다 현재는 파주에 작업실을 두고 개인 창작 및 한국소설의 번역(박경리의 『토지』) 활동에 전념하고 있다. 국내에 소개된 작품으로는 『해바라기 꽃잎 바람에 날리다』(전성희 옮김, 새터, 1995), 『발가벗은 사진작가』(전성희 옮김, 수산출판, 2007), 『밤, 그 또 다른 태양』(전성희 옮김, 북치는 마을, 2012), 『개미도시』(전성희 옮김, 맵시터, 2015) 그리고 본고에서 분석하게 될 『헬렌의 시간』(유형원 옮김, 상상, 2017)이 있다.

그간 박미하일에 대한 연구는 주로 고려인문학, 디아스포라, 에스닉 정체성 등에 초점이 맞추어져 있었다고 해도 과언이 아니다. 한데 그의 마지막 소설 『헬렌의 시간』에 이르면, 정체성 물음이 획기적으로 진화한다. 더 정확히 말하면, 정체성 물음이 사라진다. 유민(流民) 작가인 그에게 생래적으로 정체성의 물음이 작품에 배어 있는 것은 당연하다. 그렇다면 그는 과연 한 사람의 작가로서 이와 같은 실존적 물음을 어떻게 해소해 가는지, 다시 말해 자기-치유의 단계에 이르는지, 아니면 정체성의 늪에서 헤어나지 못하고 있는지가 궁금하지 않을 수 없다. 본고에서 우리는 바로 이 점을 추적하는 것이 목표다.

에스닉 정체성의 문제와 관련해 박미하일은 다른 재외한인작가들과 달리 지속적으로 자신의 가족사적 상처를 독자들에게 직간접적으로 드러내고 있다. 미국에서 활동하는 이창래, 수잔 최, 이민진[8] 그리고 브라질에서 활동하는 이규석이나 일본에서 활동하는 가네시로 가즈키(金城一紀)와 달리 박미하일만이 에스닉 정체성 문제를 '드러내놓고' 고지(告知)한다. 일본이나 브라질, 미국 등지에서 활동하는 재외한인 소설가들은 많다. 하지만 이들은 '한국적인 것(korianité)'을 굳이 내세우지 않으려는 경향이 있으며, 더더욱 에스닉 정체성의 문제를 그들 작품의 전면에 노출시키지도 않는 편이다. 그런데 박미하일은 그의 대부분의 소설에서 '한국적인 것'을 의식적으로뿐만 아니라 무의식적으로도 갈구하며 정면 승부를 건다는 점이 여느 재외한인 작가들과의 차이인 것이다.

박미하일에게 "나는 누구인가?"라는 주체 구성의 물음이 고차의 철학적 질문이기에 앞서 '생존'의 물음, 실존의 물음일 수밖에 없는 까닭이 여기에 있다. 삶과 죽음의 기로에 선 사람을 한 번 상상해보라, 그것도 고국이 아닌 유배의 땅에서 말이다. 그에게 살아내는 것보다 더 절박한 물음이 있을 수 있을까? 박미하일은 자신의 생존을 위해, 한국인으로서 정체성을 잃지 않기 위해 결국 한국적인 것을 선택했던 것이며, 한국적인 것은 그에게 자아-주체의 원동력이자 동시에 그가 소속된 공동체의 뿌리와 맞닿아 있다. 이러한 그의 실존적 결단은 따라서 더는 이

---

8 김종회, 「미주 한인 디아스포라 문학에 나타난 민족정체성 고찰 - 이창래, 수잔 최, 이민진의 작품을 중심으로」, 『현대문학이론연구』 제44호, 2011; 박치완, 「코드화된 문화적 주체들의 타자와의 공감 문제: 가네시로 가즈키의 『Go』를 중심으로」, 『해석학연구』 제36집, 2015; 박치완, 「자기-타자의 구원으로서 소설-쓰기: Nick Farewell의 소설 『GO』를 중심으로」, 『세계문학비교연구』 제58호, 2017 참조.

국 러시아에서 떠돌이, 부랑아로 살아가지 않겠다는, 이민자로서의 고통, 피해를 당당히 맞서며 '세계의 주인'으로 우뚝 서겠다는 의지의 표현이자 몸부림의 발로라 할 수 있다.

이런 그에게 "나는 누구인가?"라는 질문보다 더 급박한 질문은 있을 수 없다. 그를 지켜줄 유일한 생존의 방패막이가 곧 자신의 이러한 상황과 처지에 대한 작가로서 자기-쓰기 이외에는 없다는 뜻이다. 자기-쓰기라는 문학 공간의 창작을 통해 결국 그는 자신의 뿌리 들린 코기토를 재영토화(재구성)한 것이다.[9] 다시 말해, 박미하일에게 있어 자기-쓰기의 공간, 즉 소설은 곧 자기-정체성 되찾기의 공간이자, 자신의 가족과 에스닉 공동체에 대한 기록의 공간이며, 고려 유민의 역사에 대한 기술의 공간이라 할 수 있다. 그리고 더더욱 이런 이유 때문에 생사의 문턱을 넘나들며 유배·유민의 시간을 살아내야 했던 박미하일에게 "나는 누구인가?"라는 개인정체성의 물음은 항상 "나는 어디에 존재하는가?"라는 에스닉 정체성의 질문과 병발(竝發)하게 되며, 이는 그의 정체성 문제가 '일개인'의 문제에 국한돼 있지 않고 늘 고려인공동체를 향해 촉각이 작동되고 있다는 말에 다름 아니다.[10] 제사에서도 이미 밝혔듯, 유민을 기록한다는 것, 유민에 대한 글을 쓴다는 것은 이렇듯 대개, "개인사를 초월한 집단의 증언의 표현"[11]이 기제로 작동되고 있다는 점에 주목할 필요가 있다.

에스닉 정체성의 물음은 장소(mundus)에서 파생하는 질문이다. 주지

---

9 유민의 이야기 구성과 공간의 재구성에 대해서는 Amandine Spire, "Migrations mises en récit ou quand l'espace ne cesse de se (re)construire", *Hommes et migrations*, n° 1306, 2014, pp.101~107 참조.

10 R. 니스베트의 연구가 잘 보여주듯, 서양과 동양은 이렇게 자아(the Self)를 탐구함에 있어서도 순전히 개인의 자아정체성(personal self-identity)을 중시하느냐, 아니면 사회적 문맥과 타자와의 관계를 중시하느냐의 관점에서도 차이가 난다는 점에 주목할 필요가 있다 - Richard E. Nisbett, *The Geography of Thought: How Asians and Westerners Think Differently, and Why*, NY: Free Press, 2003 참조.

11 Delphine Leroy et Amandine Spire, "Écrire la migration, écrire en migration(s)", *Hommes et migrations*, n° 1306, 2014, p.6.

하듯, 장소, 즉 삶의 거처는 일차적으로 물리·지리적 장소이다. 그런데 이 장소에서는 타자와 공생하는(cohabiter)하는 것이 거의 '불변의 이치'에 가깝다. 그렇게 한 장소(공간·사회·국가)에서 서로 다른 많은 사람들이 자유롭게 살아간다. 하지만 그곳에서 자유롭게 살아갈 수 없는 일군의 무리가 있는데, 주지하듯, 과거의 식민지의 노예를 비롯해 자신의 권리나 자유를 주장할 수 없는 상황에 처한 사람들, 외국인거류민, 정치적 망명자, 전쟁고아, 불법체류자 등이 바로 그들이다. 이들에게 자유, 권리는 하나의 '사치스런 이슈'일 뿐이다. 한마디로 이들은 자신이 거주하는 장소의 주인이 아니다. 자유 시민과 이들 사이에는 보이지 않는 분명한 분할선이 존재한다. 해서 이들은 '자유 시민'처럼 "나는 누구인가?"라고 물을 수 없다. 반면 이들은 항상 "나는 '어디'에 존재하는 '누구'인가?"라고 묻게 된다. 더 정확히 말하면, '누구'보다 '어디'가 더 그들의 거주, 실존을 불안하게 하는 요소이다. 그런즉 이들의 '거주'는 M. 하이데거가 말한 사방세계(하늘, 땅, 신적인 것, 인간적인 것)에서 탈리(脫離)돼 있다고 할 수 있으며,[12] M. 오제의 말이 옳다면, 이들은 결국 "'비장소(le non-lieu, non-places)'에의 거주"라는 역설적 상황에 처해 있는 셈이다. 부언컨대 데카르트 이후의 주체철학이나 인류학의 패러다임이 전제하고 있는 "평균적 인간"[13]에 속하지 않는 자들이 바로 이들이다.

자신이 태어난 장소에서 모국어로 평생을 살아가는 사람들에게 '어디'에의 물음은 일생을 살아가는 동안 거의 제기되지 않는 게 일반적이다. 반면 박미하일처럼 고향이나 본국이 아닌 타지(他地), 이방(異邦)세계에서 모국어가 아닌 외국어로 생활해야 하는 유민들은 누구나 이 '어디-장소'의 물음에 봉착한다. 박미하일과 같이 무려 150년간이나 5대에 걸쳐 러시아 땅에서 주변부인으로 살아내야 했던, 문자 그대로 '뿌

12 하이데거에게 있어 '거주함'의 의미에 대해서는 조형국, 「하이데거의 세계이해와 거주함의 의미」, 『인문학연구』 제9집, 한국외국어대학교 철학연구소 편, 2005 참조.

13 마르크 오제, 『비장소』, 이상길·이윤영 옮김, 아카넷, 2017, 65~66쪽.

리 들린 자들'에게는 이보다 더 절박하고 간절한 물음은 있을 수 없다. 거주-장소에서 탈리된 이들에게 정체성의 지표는 불투명할 수밖에 없다. 그래서 자신에게 계속 묻는 것이다. "나는 어디에서, 어떤 취급을 받으며 살아내고 있는가?"라고. 에스닉 정체성 문제는 다음 두 조어에서 그 핵심 과제가 무엇인지 누구라도 즉각 파악할 수 있으리라: 〈ethnic cleansing〉, 〈ethnic purification〉!?

인도주의적 관심 등은 아예 기대할 수도 없는 것이 정체성의 물음이 안고 있는 특수성이다. 중심세력의 주변부인에 대한 무관심은 이들 '하위주체'가 겪는 차별과 멸시를 사회적으로 용인한다는 말과 다르지 않다. 소수자들의 고통과 피해가 중심세력에 의해 제대로 파악되거나 이해되지 않는 것도 이 때문인지 모른다. 이들에게 소수자, 즉 중심세력의 입장에서 보았을 때 타자는, 심하게 말하면 내박차야 할 '적'과 같은 존재나 다름없다. 앞서 언급한 〈ethnic cleansing〉이 의도하는 것이 무엇이겠는가? 한마디로 그것은 타자를 정화(인종 청소)의 대상으로 취급한다는 뜻 아닌가.[14]

그런즉 박미하일과 같은 유민 작가들에게 있어 자신이 속한 에스닉 공동체는 단순한 사회적 집합체가 아니라 어쩌면 그가 심리적으로 구원의 손을 뻗칠 수 있는 '마지막 보루'인지 모른다. 고려인공동체가 자신을 대신해 중심세력과 대적해주면 얼마나 좋을까? 고려인공동체에 그런 힘이 있다면 금상첨화일 것이다. 하지만 대개는 이와 같은 힘을 갖지 못하고 있는 것이 일반적으로 문화적 소수자들이 처한 현실이다. 오죽했으면, "'타자의 진리'는 존재하지 않는다"고까지 선언하는 학자가 있겠는가. 해서 V. 베자는 감히, 타자를 위한 "이성, 의지, 양식과 같은 개념은 작동되지 않는다"[15]고 비판하는데 주저하지 않았던 것이다. 박미하일

14 인종 청소, 인종 학살은 동시에 정치적 학살(politicide)이자 민주주의에 대한 학살(démocide)이라는 점도 기억할 필요가 있다 – Nancy Stéphane Rosière, "Le nettoyage ethnique – approche géographique", *Geographica Helvetica*, Jg. 59, 2004, p.234.

15 Vincent Béja, "La vérité de l'autre", *Gestalt*, n° 34, 2008, p.118. 참고로 베

이 에스닉 문제에 집일(執一)하고 또 스스로 자신을 주변부인으로 정위(定位)시킨 채로 개인정체성 찾기에 나선다는 것은 이와 같은 기준에 비춰보자면 중심세력에 대항해 자신을 방어하기 위한 불가피한 선택이라 할 수 있다. 해서 우리는 그의 이러한 작가적 전략 및 포석을 정확히 읽어낼 필요가 있다.

**양행(兩行)의 길 위에서 자기-쓰기로서 소설과 타자와 더불어 살아가기**

박미하일이 "자신의 뿌리가 '한국'이고, 모국어가 한글"이라고 여러 작품 속에서 반복적으로 강조하고 있다는 것은, 재삼 강조하지만 자신의 유민, 주변부인으로서의 정체성의 위상을 정확히 인식하고, 이를 적극 수용한 채 한 사람의 작가로서 중심세력을 겨냥해 그가 할 수 있는 모든 수단을 강구해보겠노라는 결심에 다름 아닌 것이다.

감히 말하지만, 세계인식은 자신의 '문화적 코기토'가 공고하지 않은 사람에게는 독립·자립된 것일 수 없다. 외부세력으로부터의 차별과 멸시에 저항할 수 있는 힘은 오직 자기 자신의 문화로부터만 샘솟는다. 박미하일의 소설, 즉 자기-쓰기라는 문학적 화두는 정확히 이 지점에서 발원되고 열매 맺은 것이다. 그런데 그는 그동안 한국에서는 재러 한인작가로 불려왔고, 러시아에서는 고려인작가로 호명돼 왔다. 해서 그의 정체성의 문제는 늘 양행(兩行)의 길 위에 초대돼 있었다고 해도 과언이

---

자는 중심세력과 주변부인, 자아와 타자의 관계에 대해 다음과 같이 단언하고 있다: "두 그룹(deux êtres humains)의 조우에 대해 이론(théorie thérapeutique de l'autre)은 아무 것도 말하지 못하거나 거의 아무 것도 말하지 못한다. 이는 결과적으로 각 그룹의 참여·감정·기대·놀람·기쁨 등이 다른 그룹에게서는 절망·고통·불안을 안길 수도 있다는 뜻이다. 이에 착안해서 볼 때, 이론은 체험에 대해 아무 것도 말하지 못하며, 서로가 상대에게 제공하는 두 시선(deux regards)을 둘러싼 불가사의, 신비에 대해 더 이상 아무 것도 말하지 못한다. 이러한 인식을 솟아나게 하는 '삶'에 대해서는 두말 할 것도 없다. 아마 이론이 인간의 '본성'(*nature* de l'homme)에 대해 말한다는 것은 인류에 대해 그다지 말할 게 없다는 것일 수 있다."(*ibid.*, p.110)

아니다. 그의 삶도 예술도 바로 이 두 길 사이(l'entre-deux)에서 구축된 것이다. 역설 같지만, 고국(故國)과 조국(祖國), 모국(母國)과 이국(異國) 사이에서 그의 존재, 그의 사고, 그의 예술이 실천된 것이다. 그런즉 그로서는 둘 중 하나만을 선택할 수 없었을 것이다.

> "제가 러시아와 한국을 오가며 작품 활동을 하고 있지만, 한국에 와 있을 때는 러시아가 생각나고, 러시아에 있을 때는 한국이 그리워집니다. 고국 대한민국과 조국 러시아 모두가 제게는 고향이자 아버지의 품입니다."[16]

박미하일의 '아비투스'는 이렇듯 태생적으로 이미 '이중의 문화지배'라는 '행복한' 멍에를 짊어지고 있다. 그런데 본고에서 우리가 주목하는 그의 마지막 소설 『헬렌의 시간』에 이르면 주인공인 '강소월'이란 우리에게 익숙하기만 한 주인공의 등장을 비롯해[17] 소설의 배경 및 소재가 오롯이 '한국적인 것'으로 완전히 탈바꿈한다. 이는 감히 말해, 그가 1976년 구소련에서 작가로 활동한지 40여 년이 지나서야 이룬 쾌사(快事)이자 작가적 성취라 할 수 있다.

박미하일의 에스닉 정체성은, 최소한 『헬렌의 시간』을 기준으로 놓고 볼 때, 이제 더는 한국과 러시아의 문화적 차이 또는 차별로 인해 생긴 고민의 흔적들은 찾아볼 수 없게 된다. 박미하일의 소설 공간이 러시아에서 한국으로 이동하기까지 그동안 그가 지새웠을 불면의 밤은 얼마나 길고 또 얼마나 고통스러웠을지, 제3자인 필자로서도 감히 추체험이

16 조은국, 「고국에 대한 그리움을 피로 물려받은 카레이스끼 예술가 박미하일」, 『문화저널21』, 2012년 2월 14일자 기사 참조.

17 주인공 '강소월'은 한국에서 가장 널리 사랑받고 있는 〈진달래꽃〉, 〈산유화〉의 시인 김소월에서 착안한 것으로, 소설 속에서는 "부모님이 지어준 것"〔박미하일(2017), 47쪽〕이라는 언급이 전부다. 필자와의 인터뷰(2017.07.07., 인사동의 한정식집 〈여자만〉)에서 실제 빅미하일은 한 때 김소월의 시에 심취한 적이 있었다고 술회한 바 있다.

되고도 남음이 있다.

> "지난 25년의 세월 동안 한해도 빠짐없이 한국을 방문하면서, 나는 온 마음을 다해 한국의 자연과 사람들을 받아들이고 이해하려 애썼다. 그리고 바로 그러한 노력이 본 작품의 저술을 가능케 해준 기반이라고 말할 수 있을 것 같다."(〈작가의 말〉)[18]

1990년 9월 30일 한소(韓蘇) 수교가 정상화된 이후 대한민국과 구소련(지금의 러시아), 양국 간의 방문 여행이 자유로워졌다. 박미하일이라고 그토록 그리웠던 고국(조국)을 카자흐스탄에서 그저 남의 일처럼 바라만 보고 있을 수 없었을 것이다. 매년 그가 이렇게 한국을 찾은 것은 우문우답(愚問愚答)같지만, 자신의 에스닉 정체성의 뿌리를 두 눈으로 직접 확인하고, 자신의 코기토를 '뿌리 들린 이방인'에서 '문화역사적인 나'로 변화시키기 위한 결단에 따른 것이라 할 수 있다. 그렇게 그의 문학 공간은 새로운 주인공, 새로운 주제를 통해 끝없이 재구성되는 과정에서 작가 자신(자기)을 구성해간다. P. 리쾨르의 표현을 빌면 자기정체성은 시간의 흐름 속에서 성숙되고, 그 뿌리 또한 점점 깊어진다고나 할까.[19] 이렇게 박미하일의 정체성은 시숙되어 가면서 받아들이고 껴안는 것들도 다양해지며, 세상을 바라보는 시각도 당연 더 넓어지고, 또한 같은 처지에 처한 고려인 동포들에 대한 애정도 깊어진 것이다.

최근 문화적 정체성의 문제를 타문화에 대한 배타적 본질주의보다 비본질주의, 자기구성주의가 힘을 얻고 있는 것도 같은 논리라 할 수 있다.[20] 대부분의 인간은 이렇듯 시간(삶의 과정)의 흐름, 즉 삶의 행로 위

---

18 박미하일(2017), 293~294쪽.

19 Paul Ricoeur, *Soi-même comme un autre*, Seuil, 1990 참조.

20 P. 버크는 이를 〈either/or〉가 아니라 〈more/less〉를 통해 설명하고 있다. 다시 말해 문화는 더 동질적이거나 덜 동질적인 것, 더 탄력적이거나 덜 탄력적인 것, 타문화에 대해 더 예리하게 구분된 것이거나 덜 예리하게 구분된 것이라는 것이다. 해서 문화를 본질주의적으로 설명하려는 위험(the danger of

에서 끝없이 자기변화를 꾀하면서 '자기를 유지(le maintien du soi)'해 간다. 이것이 요의 '실존(becoming being)'의 본질이다. 여기서 '자기(le soi)'는 데카르트류의 코기토에서처럼 철저히 자아 안에 갇힌 주체(egocentrique sujet)가 아니라 이타성, 즉 타자에게 자신을 개방하는(le sujet qui s'ouvre à l'altérité) 윤리적이고 도덕적인 주체라는 점에 주목할 필요가 있다.[21]

2009년 9월~10월에 익산의 보석박물관에서 개최된 초대전("동양과 서양" 展) 포스터 사진

윤리적이고 도덕적인 주체는 기본적으로 섬적인 주체(sujet insulaire)로 자기 안에 자신을 가두는 것이 아니라 타자와 함께 공동체적 주체(sujet communautaire)를 지향한다는 것이 특징이다. 타자와 공존·공생하는 공동체적 주체는 자기를 타자 앞에서, 타자와 함께 객관화시킨다. S. 데부와가 리쾨르의 『타자로서 자기 자신』에 대한 서평문에서 언급한 대로 "타자로서 자기 자신에 대해 생각한다는 것은 타자가 곧 나의 고유한 정체성을 구성한다는 의미이[기도 하]다."[22]

단적으로 말해, 정체성은 나 홀로 구성하는 것이 아니라 늘 타자와 함

---

*essentializing*)은 피해야 한다는 것이 그의 주장이다 - Peter Burke, *What is Cultural History*, Polity, 2008, p.142.

21 Sylviane Agacinski, *Critique de l'égocentrisme: l'évènement de l'autre*, Galilée, 1996 참조.

22 Sophie Desbois, "Soi-même comme un autre", *Sciences humaines*, n° 42, 2003. 바로 이점이 훗설의 '절대 자아' 중심의 타자관이나 레비나스의 '절대 타자' 중심의 타자관과 다른 점이다.

께 구성된다는 뜻이다. 데카르트의 코기토가 외부세계와 완전히 고립된 섬적인 실체(substance isolée)라면, 리쾨르의 자기는 타자의 위치에서 자신을 반추하면서 세워가는 실체(substance réflexive)이다. 데부와는 같은 글에서 이를 사회 구성원 모두가 "잘 살기(bien-vivre)" 위한 "평등성의 요구(l'exigence d'égalité)"라고 부연하고 있다. 한마디로, 타자의 존재 자체를 자아중심주의, 자민족·자인종중심주의자에서처럼 단지 생물학적·유전적으로(다시 말해 피부색으로) 구분하여 적대시하지 않고 타자에게도 나와 동등한 권리와 의무, 자유와 인권을 부여하는 것, 이것이 바로 인류가 더불어 평화롭게 살아가는 윤리의 첫 걸음이라는 것이다.

"타자와 '더불어' 잘 사는 것", 이는 굳이 그 의미를 돋을 세울 필요도 없이 21세기 지구촌이 직면한 현안이자 풀어가야 할 당면과제라는 데 이견이 없을 줄 안다. 타자와 더불어 잘 사는 것? 이는 결국 사회구성원 각자가 나/타자, 중심/주변 구분하지 않고, 그 어떤 독단적 교의(敎義)나 정치·종교적 단정(斷定)에 의해 문화적 소수자가 고통을 받거나 사회적으로 소외받는 일 없이 공존·공생하는 것이 관건이란 뜻이다. 즉 신분·계급·인종·직업 등 현실적으로 주어진 차이에도 불구하고 모두가 함께 잘 사는 것을 모토로 하는 사회여야만 문자 그대로 '진정한 휴머니즘'을

박미하일의 가족 유민 루트

실현할 수 있다는 것이다.

진정한 휴머니즘의 실현을 위해서는 공동체의 구성원 모두가 상호존중하고 배려하는 사회문화적 환경과 제도가 선결되어야 한다. 허나 주지하듯 이러한 사회문화적 환경과 제도가 구비되어 있지 않기 때문에 지구촌의 수많은 소수자 유민들이, 예나 지금이나, 선진국이나 저개발국이나 할 것 없이, 비인도적·타자배제적 폭력 앞에 무방비 상태로 노출되어 있다. 해서 우리는 이 자리에서 재삼 묻게 된다. "박미하일이 유민의 예술가로서 그토록 자기-쓰기, 자기-그리기를 통해 문화역사적인 자기정체성 찾기에 몰두한 이유가 어디에 있겠느냐?" 그것은 바로 자신의 정체성을 이야기 형식(소설)을 빌어 독자들 앞에 선보이고 폭로함으로써 그동안 그를 포함해 재러고려인들이 받은 정신·심리적 고통과 집단적 상처를 널리 독자들에게 고지하고 싶었던 것 아닐까!

이러한 박미하일의 작가적 노력은 단지 자신의 에스닉 정체성 문제를 자기-이야기로 마무리하는 것으로 그치지 않는다. 이로부터 시작해 고려인공동체 전체의 문제로 인식되기를 바라는 것이 그가 목표하는 바라고나 할까. 그가 고려인작가로 활동하기 시작한 이래 줄곧 '한국적인 것'을 몸과 마음, 의식과 무의식을 다해 추구한 것도 분명 이러한 그의 작가적 기획과 목표 의식이 정조준된 것이라 할 수 있다. 필자의 판단에 따르면, 『헬렌의 시간』은 그렇게 박미하일이 '한국적인 것'의 탐색을 통해 마침내 자기를 찾고 또 자신의 이야기의 정체성을 독자들 앞에 객관화시킴으로써 얻은 "'실존'의 과실(果實)"이라 할 수 있다. 더 정확히 말하면, 『헬렌의 시간』을 기점으로 해서 그는 명실상부한 '한국인 작가'로 재탄생할 것이다. 『헬렌의 시간』에서 박미하일은 마침내 이야기정체성을 획득함으로써 그의 실존은 공동체 내에서 타자와 함께 사는(그의 이야기를 독자들과 함께 나눌 수 있는) 존재로 거듭난 것이다. 뿌리 들린 자의 피해의식에서 해방되어 뿌리 내린 자의 당당함으로, 고국의 대지 위에 어엿한 한 사람의 한국인 작가로 설 수 있게 된 것이다.[23] 한마디로, 그의 과거의 불행·불안한 기억과 상처들이 문화역사적 뿌리를 되찾음으

로써 마침내 '평화적 의식'의 싹을 틔우게 된 계기가 되었다고나 할까.[23]

**작가의 평화적 의식과 독자와의 공감의 공간**

쟝켈레비치가 『악의적 의식』에서 언급한 바 있는 '평화적 의식'은 과거의 기억과 상처에 연연해하면서 자신을 괴롭히는 의식과 달리 현재에 주어진 삶에 투사된 적극적 의식의 일종으로서 상처와 고통을 극복한 자기치유적 의식을 의미한다. 그리고 평화적 의식은 '살아냈던 시간'을 되뇌기보다 '살아갈 시간'을 지향한다는 것이 특징이다. 이렇듯 박미하일도 살아갈 미래를 청사진으로 가지고 있는 작가였기에 마침내 평화적 의식을 득할 수 있었을 것이고, 개인과 그가 속한 에스닉 공동체를 동시에 참조·반영할 수 있었을 것이라는 게 필자의 생각이다.

평화적 의식은 결국 에스닉 공동체에 희망을 선사하는 의식이라고도 해석할 수 있으며, 개인에서 출발한 의식의 변화가 집단의식으로 확대된다는 점이 중요하다. 그렇다면 우리는 여기서 묻지 않을 수 없다. 박미하일이 『헬렌의 시간』을 출간함으로써 독자들에게 기대하는 것이 뭘까? 그것은, 앞장에서도 언급했듯, 당연 그처럼 고통을 받아온 타자와 '더불어' 모두가 오순도순 함께 잘 사는 세계를 꿈꾸는 데 있을 것이다.

그렇다. 공동체 구성원 각자가 자신의 미래를 꿈꾸고, 희망을 노래할 수 있는 세계, 그러한 공동체의 일원인 개인은 이제, 리쾨르의 책(1990) 제목이 지시한 그대로, '타자로서 자기 자신'을 섬적인 개인에서 탈피해 공동체의 일원으로 재발견하게 될 것이다. 자기를 중심으로 세계를 작도(作圖)하는 것이 아니라 타자와 더불어 사는 윤리적·도덕적 존재로 스스로를 객관화시키는 것이 중요한 이유이다. 그리하여 마침내 자기와

---

23 불행·불안한 의식과 평화적 의식에 대해서는 Vladimir Jankélévitch, *La mauvaise conscience*, Ed. Montaigne, 1966, chap. 3: La conscience pacifiée(pp.137~201) 참조.

타자, 개인과 공동체 사이에 '이타성'의 이해라는 삶의 새로운 바로미터가 자리 잡게 되는 사회, 그런 사회에서 개인의 실존은 더 이상 불행·불안의 집합소가 아니라 공동체의 미래를 위한 행복·기쁨의 발원지가 될 것이다.

박미하일이 『헬렌의 시간』에 이르러 평화적 의식을 겸비하게 되었다는 것은 결국 그가 개인의 정체성 찾기에 몰두하는 단계에서 벗어나 공동체를 위한 원대한 꿈을 꾸게 되었다는 의미와 통한다. 그가 『헬렌의 시간』에서 '흘러가는 시간의 법칙'을 연구하는 물리-수학자, 자신의 "이름을 등지고 〔동네사람들에게〕 오직 별명으로 기억되는 사나이",[24] 감귤농장의 주인 지다련을 등장시켜 시원의 시공간에 대해 묘사한 것도 같은 의도 때문이라고 볼 수 있다.

지다련이 우연히 발견한 제주도 휴화산의 한 동굴 안에서는 "흘러가는 시간을 '눈'으로 볼 수 있다"고 묘사된다. 시간을 "마치 눈으로 보고 손으로 만질 수 있는 사물의 실체처럼 객관화시키는 일", 이것이 지다련이 세상을 등지고 자신의 대학시절의 전공인 물리-수학에 다시 몰두하는 이유다. 지다련에게 자신이 연구하는 "시간과 공간의 축"은 "우주에서 그 어떤 사물도 이 법칙에서 예외일 수 없다."[25] 지다련이 동굴 안에서 발견한 이 새로운 시간 법칙에 의하면 모든 이들의 과거를 두 눈으로 생생히 '볼 수' 있다. 그리고 실제 소설 속에서 지다련은 주인공 강소월을 포함해 다른 등장인물들의 과거를 직접 '들여다보는' 예언가처럼 묘사된다.

> "나의 시간, 부모님의 시간, 형, 동생, 그리고 캐나다에 사는 이모의 시간, 준의 시간, 미래의 시간, 러시아에서 온 이고르의 시간, 꼬마 소녀 모아의 시간, 에이코의 시간, 그리고 그녀와 함께 브라질에 머물고 있는 축구팀 동료들의 시간, 농부 남수연의 시간, (…) 그리고 내가 모르는 수

24 박미하일(2017), 224~225쪽.
25 박미하일(2017), 205쪽.

많은 사람들의 억겁에 달하는 시간…"[26]

이렇게 지다련이 모든 이들의 과거를 볼 수 있다는 것은 강소월이 소설 속에서 인연을 맺은 다른 모든 등장인물들, 나아가 박미하일이 실존적 삶의 여정에서 인연을 맺은 모든 이들이 삶을 새롭게 시작할 수 있다는 전언(傳言)이 숨어 있다. 그렇게 강소월은, 아니 박미하일은 과거의 흔적들을 훌훌 털어내고 삶을 다시 시작할 수 있다면, "과거로 돌아가 지난날의 과오를 바로 잡을 수"도 있을 것이고, "찰나의 광기를 이기지 못하고 살인을 저지른 자가 과거로 돌아가 자신의 손에 묻은 피를 씻고 마음의 평화를 얻을 수"도 있게 될 것이다. 뿐만 아니라 "전쟁을 일으킨 독재자가 시간을 되돌려 자신의 선택을 돌이킬 수 있고", "헛되이 죽어간 수백만의 사람들을 되살릴 수" 있게 될 것이다.[27] 지단련에 따르면 바로 그 '곳', 즉 시원의 시공간에는 "과거도, 미래도 없이 오로지 '지금 이 순간', 즉 '현재'만이 존재한다."[28]

역설적으로 말해, 그런 '곳'에서라면 공동체 구성원 모두가 과거의 기억과 고통 없이, 이기적 욕심도 다 내려놓고, 직분대로, 분수에 맞게 살아가기만 하면 된다. 그렇게 각자가 타자와 평화롭게 지내는 곳, 그곳이 바로 삶의 진정한 보금자리가 아니고 무엇이겠는가. 이것이 박미하일이 『헬렌의 시간』에서 제시한 궁극적 삶의 공간, 즉 공동체의 이상향이다.

이런 이유 때문에 박미하일이 독자인 우리에게 일종의 '치유의 담론'으로 전달한 그의 이야기를 이제 더는 그의 일개인의 정체성 문제나 그의 유민가족사의 문제로 한정하려고 해서는 곤란하다. 그가 『헬렌의 시간』 이전, 즉 『해바라기 꽃잎 바람에 날리다』 등의 작품에서 형상화한 불안과 불행, 고통과 차별의식 등은 그가 유민의 가족사에 연연하고 있다는 증좌라 할 수 있다. 하지만 『헬렌의 시간』에서 그는 최소한 이러한

26 박미하일(2017), 234~235쪽.
27 박미하일(2017), 235쪽.
28 박미하일(2017), 276~277쪽.

2013년 해외한국문학상 시상식장에서
(왼쪽에서 두 번째가 박미하일 선생님, 왼쪽 첫 번째는 부인 장 왈랜찌나 여사)

의식으로부터 완전히 탈피한 상태이다.

인간의 사고와 행동이 현재와 미래에로 투사될 때 타자는 나와 지근거리에 함께 존재하는 자로 다가온다. 나와 타자가 눈을 마주칠 수 있는 것도 타자가 지근거리에 존재하기 때문에 가능한 일이다. 일반인이건 예술가이건 '존재한다'는 것은 이미 그 자체로 '홀로'가 아니라 타자와 '눈맞춤'의 연속이다. 눈맞춤이 있어야 타자와의 대화도, 이타적 사랑도 가능하다. 그리고 특히 작가에게 '존재한다'의 의미는 '타자(독자)와 함께' 존재한다는 것이 기본전제다. 본고에서 필자가 시도한 박미하일과 '문학공간'의 탐색은, 그 출발은 그의 초기 텍스트를 중심으로 평가할 때 에스닉 정체성의 문제가 중심에 있었지만, 『헬렌의 시간』과 함께 당도한 곳은 타자와 희망과 평화의 메시지가 울려 퍼지는 공간으로 변한다. 자연·일상의 세계만 타자와 공유하는 것이 아니다. 부언컨대 소설가에 의해 창작된 문학세계에서도 우리는 이렇게 타자와 충분히 공감한다.

바르트도 리쾨르도 "텍스트는 독자에게서 완성된다"고 했다.[29] 이에

29 Paul Ricoeur, *Temps et récit 1*, Seuil, 1983, p.136. 바르트와 마찬가지로 리쾨르 역시 '텍스트의 세계'와 '독자의 세계'의 교차를 그의 미메시스론에서 강

굳이 해석을 덧대자면, '텍스트의 자기화'가 독서의 본질이란 뜻이기도 하리라. 독자에게서 텍스트가 자기화되었다는 것은 독자가 저자와 의식이 공유한다는 의미이다. 저자가 예술적으로 승화(자기화)시켜 놓은 이야기가 독자의 자기화 과정에 자양분이 된 것이다.

이렇게 박미하일에 의해 1차적으로 자기화된 소설을 접함으로써 필자는 그의 '세계'에 십분 공감하게 된 것이고, 그 '공감'이 그의 또 다른 소설들에 관심을 갖도록 추동한 것이다. 그리고 그 과정에서 그의 시숙의 정체성(l'identité-ipséité)을 필자의 실존적 물음, 즉 '사회문화적 자기 찾기'라는 화두를 떠안게 했다. 독자는 이렇게 '허구의 왕국'이라는 한편의 소설에서도 자신의 실존적 물음을 재발견하며 작가와 공감의 공간을 만들어 가는 참여적 주체가 된다.[30]

---

조하고 있다.

30 이 글은『세계문학비교연구』, 제62집(151~174쪽)에 실린 것으로 본 도서의 주제와 편집방향에 맞추어 일부 수정하였음.

# 참고 문헌

김종회, 「미주 한인 디아스포라 문학에 나타난 민족정체성 고찰 - 이창래, 수잔 최, 이민진의 작품을 중심으로」, 『현대문학이론연구』 제44호, 2011.

김희영 외, 『문학장과 문학권력』, 한국외국어대학교출판부, 2009.

말루프(A.), 『사람 잡는 정체성』, 박창호 옮김, 이론과 실천, 2006.

박미하일, 『해바라기 꽃잎 바람에 날리다』, 전성희 옮김, 새터, 1995.

______, 『발가벗은 사진작가』, 전성희 옮김, 수산출판, 2007.

______, 『밤, 그 또 다른 태양』, 전성희 옮김, 북치는 마을, 2012.

______, 『개미도시』, 전성희 옮김, 맵시터, 2015.

______, 『헬렌의 시간』, 유형원 옮김, 상상, 2017.

박치완, 「코드화된 문화적 주체들의 타자와의 공감 문제: 가네시로 가즈키의 『Go』를 중심으로」, 『해석학연구』 제36집, 2015.

______, 「자기-타자의 구원으로서 소설-쓰기: Nick Farewell의 소설 『GO』를 중심으로」, 『세계문학비교연구』 제58호, 2017.

송명희 · 이상갑, 「CIS 지역 고려인 소설의 정체성과 언어」, 『현대문학이론연구』 제51권, 2012.

오제(M.), 『비장소』, 이상길·이윤영 옮김, 아카넷, 2017.

이승하, 「재러시아 고려인 작가 박미하일 소설 연구」, 『배달말』 제48집, 2011.

이정숙, 「박 미하일 작품에 나타난 고려인 문학의 특성」, 『국제한인문학연구』 제13호, 2014.

조형국, 「하이데거의 세계이해와 거주함의 의미」, 『인문학연구』 제9집, 한국외국어대학교 철학연구소 편, 2005.

Barthes, R., "La mort de l'Auteur", *Le bruissement de la langue,* Seuil, 1984.

Béja, V., "La vérité de l'autre", *Gestalt*, n° 34, 2008.

Blanchot, M., *Comment la littérature est-elle possible?*, José Corti, 1942.

______, *L'espace littéraire*, Gallimard, 1955.

Bourdieu, P., *Les règles de l'art*, Genèse et structure du champ littéraire, Seuil, 1992.

Burke, P., *What is Cultural History*, Polity, 2008.

Desbois, S., "Soi-même comme un autre", *Sciences humaines*, n° 42, 2003.

Edwards, C., *Narrative Order, 1789~1819. Life and Story in an Age of Revolution*, Palgrave Macmillan, 2006.

Garnier, X. et P. Zoberman(dir.), *Qu'est-ce qu'un espace littéraire?*, Saint-Denis: Presses universitaires de Vincennes, 2006.

Jankélévitch, V., *La mauvaise conscience*, Editions Montaigne, 1966.

Jozsa, p.et J. Leenhardt, *Lire la lecture. Essai de sociologie de la lecture*, L 'Harmattan, coll. 《Logiques sociales》, 1999.

Leroy, D. et A. Spire, "Écrire la migration, écrire en migration(s)", *Hommes et migrations*, n° 1306, 2014.

Nisbett, R. E., *The Geography of Thought: How Asians and Westerners Think Differently, and Why*, NY: Free Press, 2003.

Ricoeur, P., *Temps et récit 1*, Seuil, 1983.

______, *Soi-même comme un autre*, Seuil, 1990.

Spire, A., "Migrations mises en récit ou quand l'espace ne cesse de se (re)construire", *Hommes et migrations*, n° 1306, 2014.

Ying Zhu and Shihui Han, "Cultural Differences in the Self: From Philosophy to Psychology and Neuroscience", *Social and Personality Psychology Compass*, 2/5, 2008.

Zielinski, A., "Avec l'autre. La vulnérabilité en partage", *Etudes*, tome 406, 2007.

2

# 〈톰 하디의 도망자〉의 에스닉 공간

김기홍

**영화 〈톰 하디의 도망자〉 포스터**

개요 : 액션, 전쟁 / 영국 / 94분 / 2013년 2월 21일 개봉

감독 : 마틴 허버티

출연 : 톰 하디(파스칼), 폴 폭스(사이몬 머레이)

## 서론

본고는 2002년 제작된 영국영화 〈톰 하디의 도망자〉의 에스닉 공간에 대한 연구다. 이 영화는 〈사이먼 : 외인부대의 영국인 용병(Simon : An English Legionnaire)〉 혹은 〈탈영병(deserter)〉이라는 제목으로 영어권 국가들에서 개봉되었으나 큰 주목을 받지 못했다. 이후 주연 배우 톰 하디가 조연을 맡은 〈인셉션(Inception)〉, 〈다크나이트 라이즈(Dark Knight Rises)〉, 주연을 맡은 〈매드 맥스 : 분노의 도로(Mad Max : Fury Road)〉가 흥행에 성공했고, 〈레버넌트 : 죽음에서 돌아온 자(The Revenant)〉로 아카데미 남우조연상 후보에 올라 연기력을 인정받으며 인기가 크게 올랐다. 이에 편승하여 그의 과거 작품들이 제목과 커버

〈톰 하디의 도망자〉는 배우의 인기가 치솟자 뒤늦게
다양한 제목으로 각국에서 DVD 등으로 재출시되었다.

포장을 적당히 바꾸어 디렉터즈 컷(director's cut) 형식으로 출시되었고, 이 작품의 경우 2016년 미국에서 〈Legion of Honor〉라는 제목으로 DVD 출시되었다.

영화는 1960년대 초반 프랑스 용병인 외인부대원으로 알제리 전쟁에 복무한 영국인 머레이(Simon Murray)가 1978년 출간한 수기를 극화한 것이다. 1830년 프랑스는 오스만투르크 제국의 변방으로서 무슬림 지역이던 북아프리카의 알제리를 무력 점거하고, 점진적으로 토착민의 땅을 몰수해 이민 온 프랑스인들인 피에누아(Pied-Noir) 혹은 알제리-프랑스인(Français d'Algérie)에게 분할하는 식민지배정책을 펼친다. 저항은 끊이지 않았고, 특히 1956년부터 1962년까지 FLN(Front de la libération nationale; 알제리민족해방전선)을 중심으로 알제리 독립전쟁이 전개되었다.

참상이 막바지로 치닫던 1960년, 영국군 입대를 거부당하고 여자 친구에게 버림받기까지 한 청년 머레이가 프랑스 용병부대에 입대한다. 다국적으로 구성된 동료들과 함께 알제리 북서부 마스카라(Mascara) 주둔 외인부대에 입소한 주인공은 독립투쟁을 진압하도록 독려 받으며 혹독하고 비인간적인 훈련을 받게 된다. 그 과정에서, 리더십 있고 총명한 벨기에 출신의 동기생 파스칼 듀퐁(Pascal Dupont)과 친분을 맺게 된다.

이때를 즈음하여 드골 대통령은 전쟁을 종식하고 알제리 식민지를 포기하겠다고 발표한다. 어수선한 가운데, 정규군으로서 외출이 허가된 머레이는 현지인들인 피에누아들과 알제리인들을 경험하게 된다. 듀퐁과 함께 방문한 카페에서 만난 피에누아 여성 니콜(Nicole)의 미모에 매료되기도 하고, 마을을 혼자 방문해 아랍인들과 차를 마시거나 기도회를 경험하며 무슬림 현자의 안내에 따라 텅 비어버린 대학교 등 전쟁에 의한 알제리 문화의 피폐를 목격하기도 한다. 알제리인 거주 지역을 거닐던 중 불현듯 폭탄 테러가 발생하고, 우연히 만난 니콜이 머레이를 멋진 컨버터블 스포츠카에 태우고 멀리 달아나, 알제리인 마을에 있다가는 언제 죽을지 모르니 조심하라고 경고하며, 알제리는 프랑스에 속해야만 한다는 강한 식민주의자적 입장을 노골적으로 보인다.

한편, 알제리 주둔 프랑스군은 드골 대통령의 알제리 독립 허용정책에 반란으로 대응하기로 한다. 외인부대는 알제리 수도 알져(Algiers)의 비행장을 장악하기 위해 출동하라는 명령을 받는다. 쿠데타군이 된 외인부대는 비행장을 지키고 있던 프랑스 해군을 겁박해 몰아내고 시설을 무혈 점거한다. 비행장 농성이 시작되고, 어느 날 밤 머레이는 몇몇 병사들이 프랑스군 무기를 식민주의자 비밀부대인 OAS(Organisation de l'armée secrète)에게 몰래 넘기는 것을 발견한다. 그들의 리더는 놀랍게도 듀퐁이었다. 그는 프랑스인으로서, 군사훈련을 받고 동조자와 OAS에 합류하기 위해 프랑스 국적자의 입대가 금지된 외인부대에 신분을 속여 입대한 것이었다. 또, 앞선 알제리인 거주 지역 폭탄테러도 조직원인 니콜에 의한 것이었다.

군의 반란은 실패하고 철수 명령이 떨어진다. 듀퐁과 추종자들은 노골적으로 정체를 드러내고서 부대를 이탈해 마을로 내려가 알제리 반군에 대한 숙청을 시도하고, 이를 진압하러 출동한 외인부대와 대치하다 결국 머레이가 듀퐁을 사살하게 된다. 세월이 흘러 군복무를 잘 해낸 머레이는 병장으로 전역하게 되고, 영국으로부터 홀연히 찾아온 옛 여자 친구와 재회의 기쁨을 누리며 영화는 끝이 난다.

## 에스닉 이론과 영화의 에스닉 공간

주로 살펴보고자 하는 것은 알제리에 정착해있던 유럽-프랑스인인 피에누아를 둘러싼 에스닉 공간이다. 정치적 격변기에 유혈사태가 난무하는 용광로와 같은 장소에 원래 그 땅의 주인인 알제리인, 프랑스 점령군, 영국인을 비롯한 다국적 용병들, 알제리에 정착해 살던 프랑스인들, 그들에게 부역했던 알제리인들 등 여러 에스닉들이 내던져져 폭력적으로 충돌하는 이 영화는 에스닉을 형성하는 요체가 무엇인지 잘 보여준다.

정체성은 집단 구성원에 내재된 고유성과 같은 것이 아니라 이질적인 것들과의 비교를 통해 드러나는 차이를 일컫는 것이며, 자연 발생하는 것이 아니라 다양한 정체성들 간의 관계망 속에서 상호 형성적 특징을 가진다.[1] 피에누아는 프랑스인도 알제리인도 아닌 특수한 에스닉 정체성을 가지게 되었으며, 그 기준은 피부색이나 인종과 같은 생물학적 특수성이 아니라 세계가 그들을 바라보는 관점에 그들 스스로의 자기규정이 더해진 정치적인 문제였다.

또 하나 유의할 점은 영화의 에스닉 공간이 그 자체로 에스닉을 생산하는 기제라는 점이다. 역사적 사건의 미디어적 생산, 재생산은 사람들의 기억을 그것 그대로 전달하는 것이 아니라 어떤 의도에 따라 조작된 기억으로 형성해낼 수 있다는 점에서,[2] 특히 피의 역사를 다루는 영화

1 Fredrik Barth, *Ethnic Groups and Boundaries: The Social Organization of Culture Difference*. Little, Brown and Co, 1969.

2 Andreas Huyssen, "Present Pasts: Media, Politics, Amnesia.", *Public*

의 시각은 중요한 비평 대상일 수밖에 없다.

에스닉에 관련된 이론을 간략하게 살펴보자. '에스닉'은 광범위하게 쓰이는 용어이지만 정의가 다양하며, 개념에 대한 서로 다른 견해들이 상충하고 있다. 종교·언어·관습·국적 그리고 정치적 정향 등 정체성 조형에 개입하는 요소들이 다양하기 때문이다. 본고에서는 에스닉의 여러 성격 중 항존성과 가변성을 동시에 가진다는 점이 중요하다. 과거 원시주의(primordialist) 혹은 항존주의(perennialism)적 이론들은 에스닉을 인종이나 부족으로 국한해 운명처럼 개인과 집단에 부과된 영속적 특징으로 보았다. 현대에 들어서는 가변적이고 구성적인 것으로 여기는 구성주의적(constructivist) 접근 경향이 뚜렷하다.

먼저 항존성을 중요시하는 접근은 "당신이 가난하게 태어났더라도 부자로 죽을 수는 있다. 그러나 당신의 에스닉 그룹은 [날 때부터 죽을 때까지] 고정된다"[3]식의 접근으로서, 개인은 "하나의 유일한 에스닉 그룹에 속하며, 구성원 신분은 평생 고정되고, 세대를 거듭하여 세습되므로, 전쟁 발발과 종전, 국가의 생성소멸, 경제의 융성과 몰락 등과 상관없이 에스닉 그룹은 원래 상태로 유지"된다는 시각이다.

이런 시각은 에스닉 정체성 이론의 '인지적 전환(cognitive turn)' 이후 크게 변한다. 에스닉은 "세계 안에 있는 그 무엇을 지칭하는 것이 아니라 세계에 대한 시각들(not things in the world, but perspectives on the world)"을 의미한다는 것이다.[4] 외부적 요인에 의해, 혹은 개인의 자기 정체성 인식의 변화에 따라 에스닉 정체성이 큰 폭으로 바뀔 수 있다는 구성주의 접근이 사례다. 정체성이라는 것이 식별 가능한 특질이나 본질과 같은 게 아니라 자타에 의한 규정으로서 가변적이라는 것이

*Culture*, 12(1), 2000, p.30.

3 영국일간지 Economist, 2005년 5월 14일 기사. 여기서는 Kanchan Chandra (ed), *Constructivist Theories of Ethnic Politics*, Oxford University Press, 2012, p.1에서 재인용.

4 Rogers Brubaker, Mara Loveman, Peter Stamatov, "Ethnicity as cognition", *Theory Sociology,* 33(1), 2004, p.45.

핵심이다.

그렇다고 하더라도 에스닉 정체성이란 것이 늘 바뀌기만 하는 것이라면, 한 인간의 자기규정이나 특정 집단의 정체 정의의 기능이 불가하게 될 것이다. 에스닉 정체성은 고정되고 바뀌는 두 가지 특징을 모두 가진다고 보겠다.[5] 오히려 어떤 요인들이 에스닉 정체성의 유지와 변화를 추동하느냐가 중요하다.

에스닉 정체성을 만드는 것은 그들의 피부색깔이 아니라 그들이 타자와 사물을 바라보는 시각이며, 그 시각에 반영된 자기규정이다. 이런 의미에서 알제리인으로서 프랑스 제국주의를 위해 복무한 원주민 보충병 아르키(Harki)들은 오랜 식민피지배 환경에서 사회경제적 혜택을 추구하며 자신을 '일반 알제리인'과 차별화된 아르키로 규정해왔다는 점에서, 인종적으로 '이웃사촌'과 똑같은 알제리인이지만 그들과 다른 에스닉 정체성을 가졌다고 볼 수 있다. 피에누아 역시 마찬가지다. 역사는 피에누아들의 에스닉 정체성이 대단히 큰 폭으로 변화해 왔음을 기록하고 있다.

## 용병의 시각으로 재구성된 피에누아의 에스닉 공간

에스닉 정체성과 시각의 문제와 관련하여 이 영화에서 살펴볼 것은 크게 주인공 머레이와, 유럽-프랑스인으로서 130여 년 알제리에 정착하며 3, 4세대를 이어간 피에누아의 정체성이다. 피에누아는 '검은 발'이라는 뜻으로, 그 어원에 대해 탄광노동이나 아프리카인의 피부색과 관련된 여러 주장들이 있으나, 정설은 없고 관용적으로 써온 용어다. 등장인물 중 니콜이 이 그룹을

5 항존주의 접근은 국가 정체성이 매우 오랫동안 에스닉성에 영향을 미치는 지속적 항존주의(continuous perennialism)와, 생성소멸과 반복적 재생에 초점을 두는 반복적 항존주의(recurrent perennialism)를 구분하고 있다. 다만 양쪽 모두 항존성에 무게중심을 둔다. Anthony D. Smith, *Myths and memories of the Nation*, Oxford University Press, 1999 참조.

대표한다.

문제는 작품이 피에누아들을 그리는 시각과 태도가 너무나 노골적으로 부정적이라는 점이다. 먼저, 영화에서 피에누아는 골수 식민주의자로 그려진다. 아랍인 거주 지역에서 폭탄테러를 자행하는 니콜은 시종일관 알제리가 프랑스 땅이라는 주장을 펼친다. “알제리는 광활한데 아랍인들과 공유할 생각이 없냐”는 머레이의 질문에 고급 컨버터블 스포츠카를 운전하던 니콜은 “로마제국도 그랬지 않나. 여하간 지금 이곳은 프랑스 땅이다. 이 도로는 누가 만들었다고 생각하느냐”고 반문하며, “알제리 프랑세스!”를 함께 외치자고 독려한다. 식민 지배를 위한 도로나 철도와 같은 사회간접자본의 설치를 문명화의 사명 완수로 미화하는 논리는 제국주의 국가에 보편적인 것이었고, 포스트식민주의를 거치며 식민지배 정당화 논리 중에서도 야비한 것으로 인식된 것이기도 하다. 이런 의미에서, 2002년 제작된 이 작품의 해당 장면과 대사는 피에누아에 대한 관객의 비호감 유발을 목적으로 배치된 듯 보인다.

또 한편, 피에누아는 자신들의 기득권을 노골적으로 즐기고 지키려 하는 봉건적이고 수구적인 상류계급으로 그려진다. 몇 번의 만남 후 니콜이 머레이를 자신의 집으로 초대하는 장면에서 소개되는 그의 집은 정원사를 비롯해 아랍인들을 하인으로 거느린 대저택이다. 감탄한 머레이에게 대놓고 이제 자신이 왜 이곳 알제리를 좋아하는지 알겠냐고 묻는 장면을 통해, 영화는 식민지 억압을 통한 피에누아의 정치경제적 기득권 수호 욕망을 전경화 시키며 관객의 혐오를 충동한다.

과연 제국주의의 식민지배지에 법과 제도의 편파적 지원을 받으며 정착한 상류계급이라면 응당 도덕적 비난을 피할 수는 없겠다. 이러한 의미에서 피에누아에 대한 논의는 1962년 알제리 독립 이후 프랑스의 치부로서 암묵적으로 금기시되어 왔다. 알제리는 프랑스의 아킬레스건이었고, 1960년대의 전쟁과 이후의 후유증은 그들에게 끔찍한 것이었다. 1999년 죠스팽(Lionel Jospin) 총리가 전쟁에 대해 언급하기 전까지 정부의 공식적인 움직임도 대단히 미약했다. 이후 알제리, 아르키, 피에누아 문제는 표면 위로 떠오르기 시작한다.

〈도망자〉의 원작이 1978년 출간되었고 2002년이 되어서야 영화화된 것은 이런 분위기와 무관하지 않아 보인다. 주인공인 사이먼 머레이의 실존인물이 제작까지 겸하며 40년 전 과거를 정리하고 있다. 따라서 영화의 시각은 최근의 철학이 반영된 정리된 것이라 기대해볼 수 있을 것이다.

과연 이 영화에서 그리는 것처럼 피에누아는 식민주의적 특권층이었을까? 그들의 에스닉 정체성 또한 영화에서 그리는 이미지와 같이 탐욕적 프랑스인 식민주의 지배자로 획일화할 수 있을까? 무엇보다 그들은 본토 프랑스인이 아니라 알제리에서 나고 자란 사람들이다. 정착 기간도 한 세기가 넘어간다. 프랑스에서 태어나 살다가 여행이나 사업차 식민지 알제리를 방문했던 프랑스인과 같은 에스닉 정체성이라 볼 수는 없을 것이다. 피에누아가 알제리를 바라보는 시각이 그들의 에스닉 정체성 규정에 큰 영향을 미쳤을 것이다. 어떤 시각이었을까?

머레이와의 대화 중 니콜은 자신의 정체성을 아프리카의 태양과 관련지으며 검은 발, 즉 피에누아라 스스로를 칭한다. 사실 이는 역사왜곡일 가능성이 높다. '피에누아'라는 이름 자체가 한 덩어리의 거대한 기만일 수 있다. 연구에 의하면 '피에누아'는 식민 알제리에 거주했던 당시의 프랑스인들을 칭하는 보통명사가 아니었다. 1962년까지의 알제리 거주 프랑스인들은 "Français d'Algérie"로 부르는 것이 관행이었다.[6] 피에누아는 이후에 붙여진 이름으로서, 조르디(Jean-Jacques Jordi)는 피에누아가 프랑스의 알제리 점령인 1830년이 아니라 1962년 여름의 "대대적이고 비극적인 본국 송환(Le rapatriement massif et tragique)"을 기점으로 '생성된' 것이라 주장한다.[7] 드골 정부가 알제리 식민지를 포기하고

---

6 Fiona Barclay, "Reporting on 1962: The Evolution of pied-noir Identity across 50 years of Print Media", *Modern & Contemporary France*, 2015, p.209.

7 Jean-Jacques Jordi, *1962: l'arrive ´e des Pieds-Noirs*, Autrement. Kidd, 1995, p.114.

난 후, 즉 알제리 독립이 확정된 후, 알제리 거주 프랑스인들은 죽음을 피하기 위해서라도 대대적으로 프랑스로 이주해야 했다.

피에누아라는 에스닉 정체성의 기원은 여기서 시작된다.[8] 알제리 거주기에 이들은 프랑스 땅인 알제리 지역에 거주하는 프랑스인들로서, 에스닉 정체성 문제가 제기될 일이 없었다. 확실히, 이들은 프랑스인이다. 가령, 알튀세르(Louis Althusser), 데리다(Jacques Derrida)와 같은 철학자들도 피에누아지만, 우리는 이들이 알제리에서 태어났다는 이유로 프랑스인이 아니라고 말하지는 않는다.

그러나 식민 종식과 함께 110만 명에 달했던 이들의 인생도 순식간에 바뀐다. 슈트케이스 하나에 짐을 챙겨 프랑스로 달아나던가, 아니면 알제리에 남아 죽임을 당하든가 양자택일의 기로인 소위 "옷가방 아니면 관(la valise ou le cercueil)"의 상황이었고,[9] 사실상 빈손으로 돌아간 모국은 안주할 수 있는 따뜻한 어머니의 땅이 아니라 종주국(mère-patrie)이자 피난지(terre d'accueil)가 되어 의심과 멸시가 뒤따랐다.[10] OAS 동조 여부에 대한 조사 혹은 의심과 파시스트와의 동일시에 끊임없이 시달렸고, 존중의 뉘앙스를 찾아보기 힘든 '검은 발'이라는 호명과 명백한 차별 속에 변변한 직업을 얻기도 힘들었다. 알제리를 잃어버린 피에누아는 프랑스인도 아니고 알제리인도 아닌, '잊고 싶은 과거와 결부되어 거들떠보고 싶지 않은', '부정 탈 것 같아 가까이 하고 싶지 않은', '여하간 '우리'는 아닌' 에스닉 정체성을 가지게 되었고, 그리고 버림받았다.

식민지 이주정착자들도 윤리적 책임을 면하지 못할 역사의 맥락이 있으나, 제국주의라는 거대한 기획은 프랑스의 역사적 책임으로서 총체적인 반성이 요구된다는 점에서 이와 같은 태도는 실패한 제국주의에 대

8 이들을 '검정색 발'이라는 뜻의 피에누아라 부른 것과 대구를 이루어, 독립 후 알제리에 남은 유럽-프랑스인들이 '녹색 발'인 피에베흐(pieds-vert)라 불리었다는 점에 주목할 필요가 있다.

9 Benjamin Stora, *Algeria, 1830-2000: A Short History*, Cornell University Press, 2005, pp.12~77.

10 Fiona Barclay, *op. cit.*, p.198.

한 회한이 낳은 무책임한 희생양 찾기가 아닌가 의심해볼 만하다. 결론적으로 피에누아는 프랑스에서 철저히 타자화 되었다. 그들은 모국에서조차 (아니, 특히 모국에서) 알제리인들을 착취한 가해자인 동시에 정치적 희생자라는 모순된 입장에 내몰렸고, 상황은 이들에게 정체성에 대한 새삼스러운 재정립을 강하게 요구했다.[11]

이처럼 피에누아의 정체성은 타자의 시각에 의해 정립을 방해받고 있다. 타자의 시각은 '객관적 시각' 혹은 '역사의 시선'이 되어 피에누아를 한 무리의 (준)범죄자로 균질화 하고자 한다. 헌데 이는 정체성을 규정하는 요소들을 살피는 것이 아니라 도덕적 판단에 의한 선제된 정의에 정체성을 끼워 맞추는 것이며, 이는 〈톰 하디의 도망자〉와 같은 영화를 통해 재생산되고 있다.

## 타자의 시각으로 타자화된 피에누아의 에스닉 정체성

이 '타자의 시각'은 누구의 시선이며 어떤 시각인가? 이 시선이야말로 프랑스 제국주의를 피에누아에 투사하는 탈역사적 프리즘이며, '절대 객관으로 판단한 도덕의 절대 시선'과 같은 역할을 하는 것으로 보인다. 먼저 이 시각이 외국인 용병의 시각이라는 점을 생각해볼 필요가 있다. 프랑스 식민지였던 인도차이나와 알제리 등지에 복무했던 다국적 군인은, 애국 논리에 의해 윤리·도덕적 보호를 받는 자국민 군대와는 크게 다르며, 폭력에의 항거와 평등사상 등 이상을 위해 남의 나라 전쟁에 자원해 전투병으로 복무한 스페인 내전 참전 좌파 지식인들의 경우와도 매우 다르다. 남의 나라 군대에 자원입대해 식민지 유지를 위해 살육을 마다 않은 자의 정체성은 에스닉적으로 어떻게 해석할 수 있을 것인가?

11 Claire Eldridge, "Blurring the boundaries between perpetrators and victims: Pied-noir memories and the harki community", *Memory Studies*, 3(2), 2010, pp.123~136.

특히 주인공이 영국인이라는 점은 넘어갈 수 없는 요소다. 식민대국이었던 영국 국적자라는 점에서 머레이의 태도는 정체성 해석을 더욱 혼미하게 만든다. 시종일관 그는 알제리의 독립을 지지하고 프랑스의 제국주의와 군사적 강압에 반대 내지 최소한의 반발을 유지하는 입장을 취한다. 그의 시각은 언뜻 보기에, 포스트식민주의 윤리관을 가진 객관적인 관찰자인 듯 보이기도 한다. 정리하자면, 프랑스와 쌍벽을 이루는 제국주의 국가인 영국인으로서, 프랑스의 식민지를 지키는 군대에 자원입대해 피지배자 독립군을 척살하는 무공을 세우는 한편, 제국주의적 행태에 반대하고 식민지의 독립을 옹호하는 시각을 견지하는 것이다. 이 모순은 분명 해석을 필요로 한다.

모순의 시작은 영화 시작과 동시에 소개되는 자막에서부터 시작된다. "알제리는 127년간 프랑스의 식민지였다. 프랑스인 식민지 거주자들인 피에누아와 아랍 원주민들이 어우러져 평화롭게 살아왔다. 그런데 산악지역에 또아리를 튼 아랍 민족주의자들이 독립을 위한 무장투쟁을 시작했다. 프랑스 외인부대는 프랑스의 이익을 지키고 반란군을 진압하기 위해 투입되었다"는 것이다. 피지배자와 지배자가 식민지에서 어우러져 평화롭게 살았는데 피지배자가 저항을 해서 모든 문제가 시작되었으며, 따라서 군대의 파견이 불가피했다는 주장은 명확하게도 제국주의자의 시각이다. 최소한 이런 시각을 가진 사람이 식민지 옹호자들을 도덕적으로 꾸짖는 공정성과 정의관을 가졌으리라 기대하기는 힘들다.

그러나 머레이는 외출을 나가면 아랍인 찻집에 들러 알제리 청년이 '프랑스인들은 우리를 짐승처럼 다룬다', '우리를 발로 깔아뭉갤 생각만 한다'는 성토에 맞장구를 쳐주고, 피에누아인 니콜을 만나면 무고한 알제리 시민들이 폭탄 테러로 죽임을 당했으며, 식민지 유지의 대가가 너무 크다고 훈계를 하고, 무슬림들이 기도하는 현장을 방문해 종교지도자(Imam)가 프랑스와 전쟁하러 간 젊은이들이 이 광기가 끝나면 돌아올 것이며, 광기는 유한하고 영혼은 영원한 것이라는 영적 가르침에 숙연해하며 무슬림들과 어울려 기도를 드리는 시늉도 하고, 작전을 위한 부대 이동 중 동료인 듀퐁에게 영국 식민지들도 거의 독립했으니 이제 알제리도 프랑스로부터 독립할 때가 되었다는 탈식민지적 역사관을 피력한다. 전투복을 입은 머레이는, 프랑스군에 복무하다 장교들을 살해한 후 달아난 아랍인들을 수류탄 투척으로 폭사시키고, 어두컴컴한 무기고를 지키던 아랍 소년을 사살하고(비록 실수였고, 양심의 가책으로 괴로워하긴 했지만), 식민지 수호의 보루인 외인부대에 충실히 복무해 동료와 상관들의 신임을 얻어 결국 병장으로 승진하게 된다.

여자 친구에게 버림받고, 영국 육군으로부터 입대를 거부당한 열아홉 청년이 큰 신념과 같은 것 없이 외국의 용병부대에 입대한 이야기라면, 그것은 당연하게도 성장드라마가 되어야 한다. 청년 머레이는 '성장'했는가? 내면적 성찰과 경험을 통한 상황 인식의 누적이 성장을 가져왔고, 그 결과가 제국주의에 대한 반대라면 대단히 자연스럽다. 그러나 작품에서는 그 어떤 성장의 단계도 보이지 않는다. 말하자면 머레이는 원래부터 그런 사람이었다.

머레이의 역할을 맡은 배우는 진지한 표정으로 연기에 임하지만, 이런 무책임하고 원칙 없는 이율배반을 정상적이라 판단하기는 힘들다. 이는 프랑스 외인부대에 대한 낭만에서 비롯되는 듯하다. 머레이는 다음과 같은 내레이션을 시작으로 등장한다. "많은 이들이 내게 왜 프랑스 외인부대에 지원했냐고 끊임없이 묻는다. 명확한 답은 없다. 서두를 일이 없었다. 누구에게도 영국 육군 입대를 거부당했다는 말은 하지 못했다. 도통 생각이 떠오르지 않았다. 그래서 다른 운명을 찾아 떠난 것일 뿐이었다." 그리고 모험활극(Swashbuckler) 장르로 유명한 할리우드 배우인 "에롤 플린(Errol Flynn)마저 외인부대 출신이라는데 더 망설일 이유가 있었겠는가?"라고 반문한다.

대중문화의 판타지와 자신이 겪은 현실은 너무나 달랐다고 토로하지만, 알제리와 외인부대에 대한 이러한 태도는 식민지를 무대로 펼쳐지는 모험소설의 주인공을 모방하고자 한 것이 명백하며, 군대 생활을 통해 진정한 현실을 깨달아 식민주의가 모험활극과 다름을 절실히 깨닫게 되는 성장의 증거는 빈약하다. 식민지에서의 모험소설은 사이드(Edward Said)가 『문화와 제국주의』에서 비판한 바와 같이, 제국주의의 함의로 가득한 것이다.

머레이에게 알제리 외인부대는 테마파크와 같은 안전한 모험의 장이었다. 본국의 군대에 입대를 거부당한 그에게 식민지의 외인부대는 과거를 세탁하고 남자로 거듭날 수 있는 기회의 땅이었다. 진취적이고 싶은 그는 아름다운 피에누아 여성 니콜의 집에 초대받아 좋은 대접을 받고, 성행위를 즐기고, 식민지에 대한 윤리적 훈계를 하려 들지만, 그마저도 여성이 굳이 싫어하면 멈추고 소리 내어 웃으면 그만이다.

머레이를 통해 재현되는 〈도망자〉의 시각은 철저히 모험 소설적이고, 수기 형식을 빌린다는 점에서 유사 리얼리즘적이고, 자신만이 이성적·합리적·중간자적·객관적 시각을 견지한다는 태도를 가졌다는 점에서 계몽적이고 모던하며, 그리고 유럽적이다. 수기를 출간한 1978년이나 영화를 발표한 2002년에 이미 피에누아는 약자이다 못해 존재 자체를 인정받지 못하는, 프랑스라는 군복에 묻은 한 방울의 피딱지였다. 피에누아를 바라보는 머레이의 회고적 시각은 결코 프랑스 제국주의를 비판하는 것이 아니다. 프랑스라는 더 센 권력의 뒤에 서서 버림받은 희생양들을 짓밟으며 정의감을 만끽한다는 점에서 새디스트적이고, 제국군의 군복을 입고 무슬림 사원을 안전하게 거닐며 다문화를 체험하면서 서구적인 보편 휴머니즘을 가장하고 있다는 점에서 기만적이고, 영국이 저지른 제국주의의 잔재는 식민지가 이미 독립했다는 한두 마디 대사로 완전히 털어버리고 세척된 중립성과 보편적 도덕성을 가장한다는 점에서 위선적이다. 그러한 머레이의 에스닉 정체성은 너무나 명백하게도 근대적 제국주의의 발명자로서의 유럽인에서 한 치도 벗어나지 않는다.

## 결론

〈도망자〉에서 다룬 1960년대 이야기는 현재진행형 비극이기에 본 연구는 시의성이 있다. 알제리 문제는 프랑스 근·현대사의 오랜 갈등으로, 테러리즘 문제와 결부되며 최근 긴장이 더욱 증폭되고 있다. 2015년 1월 샤를리 에브도(Charlie Hebdo) 잡지사에 침투해 편집자와 경찰 12명을 사살한 테러리스트들이 모두 알제리 독립 이후 프랑스에 건너와 살게 된 무슬림 2세들이다.

이는 프랑스에 보혁갈등의 상징이기도 하다. 프랑스 우파는 전통적으로 위대한 프랑스를 지지해 온 '비바 프랑스' 세력으로서, 제국주의의 과거를 영광스럽게 기억하고 문명화의 사명으로 미화하려는 성향이 있다. 반면 좌파는 제국주의와 폭압적 식민경영을 총체적인 반성의 대상으로 지목해 왔다. 이런 와중에 2017년 5월 프랑스 대통령으로 취임한 마크롱(Emmanuel Macron)은 유세기간 중 알제리를 방문하여 식민통치를 "반인륜적 범죄(crime contre l'humanité)"라 칭하고, 1962년 종결된 알제리 독립전쟁의 참상에 대해 "완전히 야만적인 것이며 과거의 일부로서, 우리〔프랑스〕는 사죄해야" 한다고 주장한 바 있다. 전몰자 추도관을 방문해서는 양국 간 "기억의 화해(réconciliation des mémoires)"를 지지한다고 밝히기도 했다. 이에 대해 극우 국민전선의 르펜(Marine Le Pen) 측은 "등 뒤에서 프랑스를 쐈다"고 비난했고, 공화당의 필롱(François Fillon) 후보는 "이와 같은 우리 역사에 대한 혐오, 이와 같은 끝도 없는 회개는 공화국 대통령 후보의 가치가 없음"을 보여준다고 공격했다. 특히 필롱은 과거 프랑스 식민주의에 대해 "아프리카 사람들과 〔프랑스의〕 문화를 공유하고자 한 것이 죄는 아닌 것"이라고 주장하기도 했다.[12] 이런 문제들이 조만간 해결될 것 같지는 않다.

---

12 The Local, "Macron causes uproar by saying France's colonisation of Algeria was 'crime against humanity'" 2017.02.16., 프랑스 인터넷 언론 '더 로컬' 기사, https://www.thelocal.fr/20170216/frances-colonisation-of-alge-

모두 본고에서 다룬 시각의 문제에서 한 치도 비껴가지 않는다. 이는 모두 기억과 관련이 있다. 기억은 단순히 과거에 머물러 있지 않기 때문에 과거의 재현은 늘 문제가 된다. 사실 기억은 소멸한다. 재현이 기억을 창조해서 우리가 기억이라 일컫는 과거를 대체하는 것이다. 기억이 과거가 아니라 재현이 과거다. 추인된 재현은 우리의 과거로서 역사가 된다. 이는 바르트식으로 말하자면 신화다. 즉, "역사를 자연으로 변형시키는 과정"이며, "조작된 것(fabriqué)이라는 성질을 제거한 것"이다.[13]

특정한 사실관계가 아니라 우리의 시각을 우리 스스로 바꾸도록 유도하기 때문에 미디어는 힘이 세다. 이때 우리는 우리 스스로의 판단과 의지에 의해 우리의 인식과 정체성을 선택했다고 착각하게 된다. 착각도 우리의 일부이기 때문에, 그 착각이 우리의 정체성을 조형했다면 그것이 바로 우리의 정체성이다. 〈도망자〉와 같은 대중영화가 과거를 다루는 방식은 그래서 중요하다. 비평이 서사의 시각과 정체성을 끊임없이 문제 삼아야 하는 이유이기도 하다.[14]

---

ria-was-crime-against-humanity. 접속일: 2017.06.05.

13 롤랑 바르트, 『신화론』, 정현 옮김, 현대미학사, 1995, 68쪽.

14 이 글은 『글로벌문화콘텐츠』, 제30호(1~22쪽)에 실린 것으로 본 도서의 주제와 편집방향에 맞추어 일부 수정하였음.

## 참고문헌


바르트(R.), 『신화론』, 정현 옮김, 현대미학사, 1995.

Barclay, F., "Reporting on 1962: The Evolution of pied-noir Identity across 50 years of Print Media", *Modern & Contemporary France*, 2015.

Barth, F., *Ethnic Groups and Boundaries: The Social Organization of Culture Difference*, Little, Brown and Co, 1969.

Bobo, L. and Hutchings, V. L., "Perceptions of Racial Group Competition: Extending Blumer's Theory of Group Position to a Multiracial Social Context", *American Sociological Review*, 61(6), 1996.

Brubaker, R. and Loveman, M. and Stamatov, P., "Ethnicity as cognition", *Theory Sociology*, 33(1), 2004.

Brubaker, R., "Ethnicity, Race, and Nationalism", *Annual Review of Sociology*, 35, 2009.

Chandra, K. (ed), *Constructivist Theories of Ethnic Politics*, Oxford University Press, 2012.

Eldridge, C., "Blurring the boundaries between perpetrators and victims: Pied-noir memories and the harki community", *Memory Studies*, 3(2), 2010.

Gellner, E., *Nations and Nationalism*, Blackwell Publishing. 2006.

Haraway, D., "Situated knowledges: the science question in feminism and the privilege of partial perspective", *Feminist Studies,* 14, 1988.

Huyssen, A., "Present Pasts: Media, Politics, Amnesia.", *Public Culture,* 12(1), 2000.

Jordi, J-J., *1962: l'arrive 'e des Pieds-Noirs*, Autrement. Kidd, 1995.

Murray, S., *Legionnaire*, An Englishman in the French Foreign Legion, Pan Books, 1978.

Noel, D. L., "A Theory of the Origin of Ethnic Stratification", *Social Problems*, 16(2), 1968.

Omi, M. and Winant, H., *Racial Formation in the United States from the 1960s to the 1980s*, Routledge and Kegan Paul, Inc., 1986.

Said, E., *Culture and Imperialism,* 에드워드 사이드, 『문화와 제국주의』, 박홍규 옮김, 문예출판사, 2005.

Savarese, E., "After the Algerian war: reconstructing identity among the Pieds-noirs", *Pied-noir identity after the Algerian war,* UNESCO, 2007.

Smith, A. D., *Myths and memories of the Nation*, Oxford University Press, 1999.

Stora, B., *Algeria, 1830-2000: A Short History*, Cornell University Press, 2005.

# 3

# 〈씨민과 나데르의 별거〉와 이란의 에스닉 문화

## - 안토니오 그람시의 헤게모니적 관점으로

김소영

**영화 〈씨민과 나데르의 별거〉 포스터**
개요 : 드라마 / 이란 / 124분 / 2011년 개봉
감독 : 아쉬가르 파라디
출연 : 샤하브 호세이니, 레이라 하타미

### 네 인물의 다른 이야기

현대인은 자신이 속한 조직 내에서 다양한 갈등을 경험한다. 영화 〈씨민과 나데르의 별거(Nader And Simin, A Separation)〉(2011)는 가족 문제로부터 시작하여 사회구조적 문제를 다층적으로 다루고 있다. 이란의 거장인 아쉬가르 파라디(A. Farhadi) 감독이 제작한 이 영화는 이러한 현대사회의 쟁점을 조명한 영화이다. 영화는 이민에 관한 의견대립으로 벌어진 부부간의 갈등을 시작으로 법·종교·계층·성(gender)·교육, 그리고 인간의 본질적 책임감까지 아우르는, 그야말로 어떤 소재도 놓칠 수 없는 다소 무겁지만 유의미한 고민거리를 던진다. 이에 한 편의 영화에 집약되어 있는 정치·사회적 문제 등을 통해, 이란이라는 고유한 에스닉 공간 속 문화를

살펴보고자 한다. 사전적 의미로 에스닉은 다른 인종이나 문화를 가진 집단과 연관된 개념이다. 따라서 이 글에서 에스닉이라 함은, 이란이라는 국가의 정체성을 구성하는 문화적 요소인 법·종교·여성·교육에 나타난 고유한 특성으로 한정짓는다.

현대사회의 구조적 모순이 야기하는 문제점은, 그 범위를 가정으로 한정한다 할지라도, 이혼·출산·교육 등 다양한 화두로 논의 가능하다. 이러한 문제들은 정치·사회·문화의 영역과 무관할 수 없으며, 개인의 삶의 양상에도 커다란 영향을 미친다. 최근 한국의 대표적 가족구조가 '1인 가구'이며, 이는 전체의 27.2%를 차지한다는 조사결과가 있었다. 이와 관련하여 문화 향유의 형태 변화를 나타내는 혼밥·혼술·혼영(영화)·혼여(여행)·혼놀(노래방) 등의 신조어들이 유행하고 있다. 그러나 문화적 현상에서 나아가 이를 보다 본질적인 측면, 즉 이러한 사회적 현상을 야기하는 구조적 요인들에 주목하여 통찰하는 것 또한 중요한 과제라 할 수 있다. 결혼·출산·교육 등은 국가·사회·문화라는 거대한 체제 아래 종속된 구성원의 대단히 현실적인 문제이기 때문이다.

한편 영화학적 관점으로 본 영화를 바라볼 경우, 등장인물을 향한 '다중 초점화'[1]가 영화로의 몰입을 이끄는 장치로 강하게 작동함을 알

---

1 문화연구에서 제라르 즈네트(G. Genette)가 말한 '초점화(focalisation)'는 1980년대부터 영화 연구에 사용되었다. 특히 등장인물을 기준으로 할 경우 내적 초점화, 외적 초첨화, 무(전지적)초점화로도 구분된다. 내적 초점화는 한 인물에 대해 집중하는 고정 초점화와 여러 인물로 교체되는 가변 초점화, 그리고 같은 사건을 여러 인물의 심리를 통해 바라보는 다중 초점화로 다시 세분화된다. Jean Châteauvert, "Cinema: revue d'études cinématographiques", *Cinemas: Journal of Film Studies,* Vol. 3, No. 2-3, 1993, pp.241~246. 이 영화의 주요 등장인물들은 가변 초점화에 의하여 그들의 심리가 묘사되기도 하나, 본 연구자는 하나의 사건을 다르게 해석하는 각 인물의 심리를 추적하는 다중 초점화로 간주하였다. 한편 초점화는 시점 혹은 관점과 구분할 필요가 있다. 미케 발(M. Bal)은 시점이라는 용어가 보는 사람과 말하는 사람을 구분하지 못하며, 관점 또한 화자와 시각 양자를 모두 지칭한다고 말한다. 반면 초점화는 관계를 다루며, 초점화의 주체인 초점화자는 성분들이 보이는 지점으로 내부 혹은 외부에 있을 수 있다고 하였다. Mieke Bal, *Narratology: Introduction to the theory of narrative,* University of Toronto Press, 2009, pp.146~149.

수 있다. 같은 사건을 두고 다르게 해석하는 등장인물의 심리를 추적하게 만드는 다중 초점화로 인하여, 관객의 이성적 판단과 감성적 지지는 그들 사이를 오가며 방황하게 된다. 이러한 기법은 역으로 각 등장인물에게 집중케 하는 기능을 수행하여, 모든 인물과 사건을 향한 궁금증과 몰입을 강화시킨다. 이는 다중 초점화를 통한 파라디 감독의 절제되고 응축된 연출력에 기인한 성과라 할 수 있다. 이러한 감독의 탁월한 창작능력은 유수의 국제영화제에서 인정받기도 하였다.[2] 파라디 감독은 본 영화를 통해, 이란의 신권정치·법·성·계층 등에 나타나는 정치학의 갈라진 관계와 반성을 동시대의 비극으로 재조명한 것이다.[3]

### 그람시(Gramsci(A.)) 이론으로 영화텍스트 분석하기

그람시는 '헤게모니(hegemony)'라는 용어로 우리에게 친숙한 학자이다. 마르크스주의(Marxism)를 '실천의 철학(a philosophy of praxis)'으로 재해석하여 계층 간의 갈등을 문화적 방법으로 흡수하는 것에 주목하는 등, 그의 정치·문화·철학 전반에 관한 탁월한 시각은 지금까지 여러 학문 분야에서 응용 및 재해석되고 있다. 이탈리아의 노동계급과 문화의 발전을 위한 정치적 관심은 그를 이탈리아 공산당의 창건자가 되게 하였고, 이로 인한 진보적 성향으로 인해 20년이 넘는 형량을 받기에 이른다. 이는 그람시에게 정신적·육체적 고통을 수반하는 비참한 기간이었으나, 옥중에서 집필한 그만의 투쟁 철학인 『옥중수고(Prison Notebooks)』[4]는 기념비

---

2 영화 〈씨민과 나데르의 별거〉는 2012년 제84회 아카데미상 외국어 영화상을 비롯하여, 제61회 베를린 국제 영화제 황금곰상과 남우주연상, 여우주연상을 수상하였다.

3 https://www.theguardian.com/film/2011/jun/30/a-separation-review, 검색일: 2017년 1월 10일.

4 '옥중수고'는 말 그대로 감옥에서 쓴 수고라는 뜻으로, 수형생활을 하던 1926년부터 1935년까지 총 32권 2,848쪽에 달하는 그람시의 필사본이다. 주로 이탈리아의 역사, 교육, 문화, 철학, 지식인의 역할, 국가이론, 여성의 지위, 종

적인 업적으로 평가받고 있다. 그람시는 특히 집단적 실천, 즉 정치를 통해 인간과 환경을 변화시킬 수 있다고 주창하면서 정치의 매개적 역할을 강조하였다. 다시 말하면 제반 사회세력과 군사세력을 연결하는 정치세력 관계를 통해 역사가 발전한다고 본 것이다.[5]

이 글은 이탈리아의 정치철학자 안토니오 그람시(Gramsci, A.)의 논의를 도입하여, 영화에 나타난 법·종교·성(gender)·교육, 그리고 인간의 책임감에 관한 문제를 해석하고자 한다. 특히 '헤게모니'라는 개념으로 친숙한 그람시는 칼 마르크스(K. Marx)의 물질적 힘과 투쟁의 개념을 재해석하였다. 그는 피지배계급을 향한 문화적·도덕적·지적 수단에 의한 헤게모니가 요구됨을 역설하였다. 특히 그람시의 저작인 『옥중수고』에 나타난 논의를 중심으로, 영화에 나타난 이란의 에스닉 문화를 살펴보겠다.

그람시의 이론은 역사·정치·철학·종교·교육 등 그 분야가 매우 방대하다. 먼저 그람시가 말하는 철학은 '상식(common sense)'과 대립되는 '양식(good sense)'과 일치하는 것으로, 종교와 상식에 대한 비판이며 대체물이다. 여기서 상식은 단편적인 생각이나 견해 등의 규격화된 대중적 지식인 반면, 이 가운데 존재하는 건강한 핵으로서 인간의 행위에 대한 자각적 지침을 마련해 주어 본능적 격정을 극복하게 해주는 것이 양식이다. 따라서 그람시는 상식적 대중 철학과 과학적 철학은 분리될 수 없다고 말한다.[6] 또한 지식인이 대중과 유기적인 관계를 맺을 때, 즉 대중의 실천적 활동에서 비롯된 문제와 원리를 유기적으로 구성하고 완성할 때 비로소 문화적·사회적 블록을 형성할 수 있다고 하였다. 이와 같이 철학은 연관성에 의해서만 역사적이며, 한 개인의 성격을 이루는 지

---

교 등에 관한 방대한 그의 철학이 담겨있다. 김현우, 『안토니오 그람시』, 살림출판사, 2005, 49쪽.

5 *Ibid.*, pp.52~53.

6 상식과 양식에 관한 부분은 다음의 내용을 요약한 것이다. Antonio Gramsci, *Prison Notebooks,* edited and translated by Quintin Hoare and Geoffrey Nowell Smith, International Publishers, 1971, pp.325~328.

적인 요소를 정화시켜 비로소 삶이 될 수 있다는 것이다.[7]

그람시에 따르면 이러한 실천 철학은 지식인과 대중이 어떻게 변증법적으로 통일되느냐에 달려있다. 다시 말해 단순한(순진한) 대중도 지식인처럼 더 높은 차원의 문화로 자신들을 고양시키며, 전문화된 지식인 계층을 향해 영향력을 확장시킬 수 있다. 그러나 그 과정에서 대중과 지식인 사이의 간극이 지속적으로 발생한다.[8] 또한 그람시는 모든 사람이 언어적 표현의 단순 지적 활동에도 특정한 세계관을 내포한 '철학자'이므로, 이들은 자신의 세계관과 기존 철학에 대한 비판적 인식을 할 수 있다고 말한다.[9] 이와 같이 그람시는 대중으로 하여금 현실세계를 체계적으로 사유케 하는 것이야말로 더욱 중요하고 근본적(original)인 '철학적' 사건이며, 이를 통해 새로운 문화를 창조할 수 있다고 보았다.[10]

상술한바 지식인·성직자·철학자의 전유물이었던 전통 철학을 대중을 위한 실천 철학의 위상으로 옮기고자 한 그람시는, 피지배계급을 향한 일방적 기제로서 정치적·물질적 힘을 강조한 칼 마르크스의 이데올로기를 수정하였다. 그는 종교·교육·미디어를 포함하는 문화적·도덕적 수단을 통해 피지배계급을 설득하는 헤게모니를 제시하였다. 헤게모니란 지배 계급이 대중에 대해 힘을 행사하는 수단이 되는 가치와 신념 체계를 뜻한다. 그러므로 헤게모니는 사회의 경제 구조와 정치 조직에만 작용되는 것이 아니라 이념의 방향성 혹은 인식의 형태에도 작용한다.[11] 여기서 중요한 것은 피지배계급의 '합의' 혹은 '동의'를 통한 지배이다. 따라서 피지배계급은 헤게모니적 지배계급 집단이 자신들의 이득과 사회 질서를 대변한다고 여기게 된다. 이와 관련하여 칼 보그(C. Bogges)는 그람시가 인간 행위를 외부의 자극에 직접적으로 대응하고 사회적·경제적 조건들에 의해 결정되는 것으로 이해하는 마르크스의 전통적

7 *Ibid.,* p.330.
8 *Ibid.,* pp.334~335.
9 *Ibid.,* pp.323~324.
10 *Ibid.,* p.325.
11 안토니오 그람시, 『대중 문학론』, 박상진 옮김, 책세상, 2003, 149쪽.

교리를 폐기해 버리길 원했으며, 혁명적 변혁을 창출해내는 데 있어서 '의식'의 역할을 주장한 '최초의 마르크스주의'라고 하였다.[12]

또한 그람시는 지배계급과 피지배계급을 지식인과 노동자로 나누는 이분법적 모순을 지적한 레닌의 사상을 이어받아, 전체로서 노동자계급의 문제와 연관 짓는 새로운 이론으로 발전시켰다. 이는 노동자계급이 이전의 부르주아처럼 그들의 대열 안에서 '유기적 지식인(organic intellectuals)'으로 발전할 수 있다고 본 것이다. 이러한 노동자계급의 유기적 지식인은 생산과 노동 조직에서의 그들의 역할과 정당에서의 정치적 역할에 의해 정의된다.[13] 모든 사회집단은 하나 이상의 지식인층을 유기적으로 창조하는데, 이렇게 형성된 유기적 지식인은 그 집단에 동질성을 부여하고, 경제·사회·정치 분야에서 그 집단의 역할에 대한 자각을 불러일으키는 역할을 수행한다. 그러므로 유기적 지식인은 이데올로기적으로 정복하고 투쟁하는 전통적 지식인과 반대되는 개념이다.[14]

그람시가 말하는 시민사회의 헤게모니는 강제적으로 유지되지 않으며, 그 사회를 구성하는 자발적인 단체·관계·제도들의 작동 하에서 일어난다. 이는 가족, 학교와 교육, 교회와 종교 생활, 문화 조직, 사적인 관계들, 성, 종족적(ethnic) 정체성 등에 의한 작동을 일컫는다.[15] 실천의 철학, 헤게모니, 유기적 지식인, 집단적 노동자 등의 용어에서 유추 가능하듯, 그람시의 논의는 주로 노동자의 삶 혹은 지배계급과 피지배계급의 대립 등을 분석하는데 유용한 이론이다. 그러나 그람시의 헤게모니 이론을 지식인과 노동자 혹은 갑과 을의 관계에 일방적 시각으로 적용할 시, 자칫 그의 논의가 오해될 수 있다. 앞서 언급했듯, 그람시는 지배계급의 강제와 더불어 피지배계급의 자발적 동의를 통한 문화적·도덕적 헤게모니를 구축하고자 했기 때문이다. 따라서 본고는 이러한 이중적

---

12 칼 보그, 『다시 그람시에게로』, 강문구 옮김, 도서출판 한울, 1991, 40~41쪽.
13 Antonio Gramsci, *op. cit.,* 1971, p.4.
14 *Ibid.,* pp.4~10.
15 김현우, *op. cit.,* 2005, 66~67쪽.

논의를 내포한 그람시의 헤게모니 이론으로, 〈씨민과 나데르의 별거〉에 나타난 등장인물들의 갈등과 대립의 관계를 해석하고자 한다.

약술한 바, 그람시의 이론은 주로 계층·계급·국가·사회·종교 등과 같은 거대 담론의 영역에서 다루어졌다. 그럼에도 불구하고 이를 평범한 두 가정과 개인의 층위에서 논의 가능한 근거를 다음과 같이 제시할 수 있다. 먼저 그람시의 헤게모니 개념은 정치 혹은 경제의 차원에서만 볼 때 설명하기 힘든 여가, 사적인 삶, 대중문화 등에서 나타나는 지배와 피지배의 관계를 '대중의 일상적 체험'에서 추적함으로써, 구체적인 삶에 침투하여 흐르는 체험적인 하나의 과정으로 파악 가능하기 때문이다.[16] 그러므로 영화에서 다루어진 부부와 계층 간의 대립, 이민, 교육, 종교, 성, 법에 이르는 다양한 문제를 각 등장인물의 일상을 통해 해석할 수 있을 것이다.

주지하듯 TV, 영화, 비디오게임 등 다양한 형태의 비주얼콘텐츠는 현대문화를 형성하는데 지대한 영향을 미친다. 이러한 비주얼콘텐츠에 관한 연구의 총체인 비주얼문화연구는 문화연구의 한 갈래로, 시각적 이미지에 담긴 역사적·문화적 의식을 드러내는 작업이다.[17] 이 글은 비주얼문화연구의 일종으로 그람시의 주요 개념을 활용하여 영화 〈씨민과 나데르의 별거〉의 기저에 작동하는 포괄적 질문—이민, 이혼, 교육, 종교, 법, 여성, 계층 간 대립 등의 문제—을 던지고자 한다. 비록 다중 초점화라는 영화학 용어로 서론을 열었으나, 이는 모든 등장인물을 동등하게 다루는 본론의 텍스트 해석으로 이어지는 관문이라 할 수 있다. 그람시의 이론으로 영화에 내재된 담론을 사유하는 이 글을 통해, 현대사회의 구조적 문제를 재조명하는 기회가 되기를 희망한다.

16 안토니오 그람시, *op. cit.,* 2003, 158~159쪽.
17 김성수, 「할리우드 SF영화의 이미지텔링에 사용된 알레고리 연구」, 『글로벌 문화콘텐츠』 제19호, 2015, 4~5쪽.

**〈씨민과 나데르의 별거〉에 나타난 주요 쟁점**

영화 〈씨민과 나데르의 별거〉는 이민에 대한 의견 차이로 이혼하려는 이란의 중산층 가정의 갈등으로 시작된다. 또한 하층민 가정과의 대립을 통해, 각 인물들의 내면심리와 사회구조적 모순을 함께 보여준다. 본 영화의 강점은 서론에서 밝혔듯이, 각 인물들을 향한 다중 초점화이다. 씨민(Simin, 레이라 하타미 분), 나데르(Nader, 페이만 모아디 분), 라지에(Razieh, 사레 바이아트 분), 호얏(Hodjat, 샤하브 호세이니 분)으로 대표되는 주요 등장인물은 영화가 전개되는 동안 줄곧 각자의 논리가 정당하다고 주장한다. 이에 대해 관객은 어느 누구의 입장도 무시할 수 없으며, 사건에 대한 책임을 어떤 한 인물에게 돌릴 수도 없다.

인물 간 갈등의 양상을 이해하기 위하여 영화의 줄거리를 요약하면 다음과 같다. 딸의 교육을 위해 이민을 원하는 씨민은 남편인 나데르와의 의견 대립으로 이혼을 하기 위해 가정법원을 찾아간다. 그러나 그들의 사유는 받아들여지지 않는다. 나데르가 이민을 가지 못하는 이유는 치매에 걸린 자신의 아버지를 홀로 남겨둘 수 없었기 때문이다. 딸 테르메(Termeh, 사리나 파라디 분) 또한 가족의 이별을 원치 않으며, 가족 모두 함께 살기를 원한다. 결국 부부는 별거를 하게 되고, 집안일과 병든 나데르의 아버지를 간호하기 위하여 가정부를 구한다. 그런데 파출부로 고용된 라지에는 첫날부터 사라진 할아버지를 찾아 헤매다 차에 부딪힌다. 이튿날, 라지에가 병원을 가기 위해 나데르의 아버지를 침대에 묶어 두고 나간 사이, 일찍 들어온 나데르가 그 광경을 목격한 후 돌아온 라지에를 문 밖으로 밀친다. 이후 나데르는 씨민으로부터 라지에의 아이가 유산되었다는 말을 듣는다. 이로 인해 라지에의 남편 호얏과 나데르의 법정공방은 시작된다. 법정에서 라지에와 호얏은 씨민이 라지에를 밀쳐서 유산되었다고 말한다. 반면 나데르는 임신 사실도 몰랐으며, 그녀를 과격하게 밀지 않았다고 주장한다. 분쟁이 지속되자 호얏이 테르메를 위협할 것을 걱정한 씨민과 나데르는 합의금을 들고 찾아

간다. 그러나 라지에는 코란에 손을 얹고 맹세하라는 나데르의 말을 듣고, 남편에게 차에 부딪혀 유산된 것 같다고 고백하고야 만다. 마지막 장면에서는 씨민과 나데르가 다시 가정 법원에서 이혼을 요청하고, 딸은 부모 중 누구를 따라갈 것인지 결정해야만 한다. 그러나 감독은 테르메가 누구를 택하는지 관객에게 보여주지 않는다. 단지 복도에서 딸의 결정을 기다리는 씨민과 나데르의 모습이 롱테이크로 촬영되면서, 영화의 자막은 올라간다.

상술한 영화의 스토리를 보면, 현대인의 삶과 직접적으로 연관된 사회구조적 문제들을 발견할 수 있다. 이는 앞서 살펴본 그람시의 주요 개념과도 연결 가능한데, 본고에서는 크게 네 가지로 분류하여 분석하고자 한다. 미리 약술하면, 첫째로 법과 종교(이슬람교)의 절대적 권위, 둘째로 가족의 별거 혹은 이혼을 양산케 하는 교육 문제, 셋째로 하층민 노동자에 투영된 계층 간 대립, 마지막으로 인간의 본질적 책임감이다. 각 항목들은 그람시가 말한 법과 종교에 따른 대중의 행동양식, 교육제도 개선, 유기적 지식인, 인간 본질에 관한 견해 등으로 해석할 것이다.

## '법'과 '종교'의 역할

영화에서는 이란의 두 가정을 중심으로 갈등과 분쟁이 벌어진다. 먼저 나데르를 고소한 라지에의 남편 호얏은 법정에서 나데르를 살인자로 몰고 간다. 그런데 증언자인 가정교사는 호얏보다 나데르의 입장에 유리하게 사건을 증언하는 것처럼 보인다. 물론 감독은 그러한 오판에 빠지지 않도록 적절한 시기에 제동장치를 걸어, 다시 관객이 중립적인 시각을 찾을 수 있도록 한다. 예를 들어 가정교사가 라지에의 임신 사실을 나데르가 알고 있었다는 것을 눈치 챈 후, 바로 자신의 증언을 취소하는 장면이다. 이러한 일련의 장치들은 사건을 원점으로 돌려놓으며, 극적 긴장감을 고조시키는 기능을 수행한다.

씨민과 나데르가 이혼하기 위해 법정에 찾아온 장면(좌)
호얏이 법정에서 자신의 억울함을 호소하는 장면(우)

그러나 호얏은 판사를 비롯한 주변인물이 사건을 나데르에게 유리하게 이끌어간다고 항변한다. 그는 사회의 부조리함으로 인해 자신의 일자리를 잃게 되었다고 하면서, 법정에서 폭력적인 언행을 보인다. 이로 인해 공무집행 방해라는 죄가 선고되어, 살인죄로 기소된 나데르와 함께 구속되어야 할 상황에 처한다. 그런데 중산층인 나데르는 아내가 마련한 보석금으로 풀려나지만, 하층민인 호얏과 라지에에게는 그럴만한 자금이 없다. 이처럼 자본에 의해 구분되는 계층은 자신들의 경제적 능력에 의해서 감옥에 있거나 혹은 풀려날 수 있다. 물질적 힘의 강력함은 도처에 나타나지만, 죄의 처벌에 있어서도 그것의 힘은 동일하게 작동함을 볼 수 있다.

여기서 이란의 '법'을 이해하기 위하여, 이란의 대표적 군주제인 '카자르(Qajar) 군주제'와 '팔레비(Pahlevi) 군주제'에 대해 간략히 살펴보고자 한다. 먼저 카자르 군주제는 1785년에서 1925년까지 이란을 통치한 근대화의 초기 단계로, 이 시기에 이란은 부족국가에서 중앙정부의 군주가 통치하는 민족국가의 형태로 변모하였다. 그러나 카자르 군주제의 독재정치와 외세의 내정간섭 등으로 국내정치가 혼란스러워지자, 입헌질서의 확립을 주장하는 시민혁명이 일어났다. 이후 모하마드 레자 샤(M. R. Shah) 정권에 의해 들어선 팔레비 군주제는 새로운 부국강병과 급진적 현대화에 착수하였다. 그런데 두 군주제가 경제·사회적으로 국가를 현대화시켰으나, 정치적으로 현대화했다고는 볼 수는 없다. 팔레비 왕조의 샤에 의한 1인 통치는 다시 정치제도의 불안정을 야기하였고, 결국 군주의 절대 권력을 제한하는 대중혁명에 의해 붕괴되었다. 이로 인해 1905년에 시작된 입헌운동은 1906년 12월 30일의 헌법과 1907년 10월 7일의 추가헌법에 의한 최초의 이란헌법을 창설하기에 이른다. 그러나 이란헌법은 서양식 입헌주의와 다르다. 예를 들면 이슬람교로 규정된 국교로 인해 헌법은 이슬람법에 저촉되는 법의 시행을 금지한다. 또한 이란헌법은 여전히 사회적 계층을 인정하기 때문에, 이란인의 사회적 삶에 지대한 영향을 미친다.[18] 영화에서도 이란의 법은 사회적 계층에 따른 개인의 삶에 직접적인 영향을 미치고 있음을 볼 수 있다.

이와 같이 강력한 힘을 과시하는 법에 대해 그람시는 다음과 같이 정의한다. 법이란 전적으로 응집력의 결여와 사회적 불안정성에 기반을 두는 추상적 개념이며, 민중의 무결함과 성실에 대해 행해지는 은밀한 속임수이자 반사회적 개념이므로 인간을 자신의 적으로 간주한다는 것이다.[19] 그람시의 말처럼, 호얏에게 법은 프롤레타리아를 억압하는 반인간적 지배 구조로 여겨질 뿐이다. 여기서 조르조 아감벤(G. Agamben)이 말하는 가장 법적인 카테고리인 '고소'에 관한 논의가 떠오른다. 아감벤은 그람시와 함께 이탈리아를 대표하는 정치철학자로, 20세기 공산주의 실험의 실패에 대한 지적·문화적 대응을 추구했다. 오늘날 돌이켜 보건대 그람시의 사상에도 공산주의 실험 실패에 대한 지적·문화적 성찰이 있다고 볼 수 있으므로, 이들의 논의를 함께 차용하는 것은 유용하다. 특히 아감벤은 법의 영역 안에서 존재는 기소된다고 말한다. 왜냐하면 법은 본질적으로 고소이며 카테고리이므로, 법의 영역에서 기소되거나 고소된 존재는 그 순결을 상실하기 때문이다. 이로 인해 존재는 하

18 이란의 군주제와 법에 관해 설명한 위 단락은 장병옥이 집필한 『현대 이란정치』의 일부 내용을 요약한 글이다. 장병옥, 『현대 이란정치』, 한국외국어대학교 출판부, 2004, 15~67쪽 참조.

19 안토니오 그람시, *op. cit.,* 148쪽.

나의 사물이며 하나의 소송 사건이 된다.[20] 아감벤의 해석을 적용하면, 호얏은 법과 법정에서 그의 존재가 상실되고 하나의 사건으로만 자리한다. 이는 그 책임을 어느 누구에게도 묻지 못하는 사건이기 때문이다. 상호 고소 앞에 선 나데르와 라지에의 경우에서도 마찬가지이다. 또한 코란 경전을 앞에 둔 라지에의 자백은 "고백한 사람은 스스로를 심판한다"[21]는 아감벤의 말을 상기시킨다. 다시 말해 고백한 자는 이미 심판받은 자이므로, 라지에는 고백으로 인해 자신과 타인들로부터 심판받은 것과 동일한 상황에 처하게 된 것이다.

다음으로 라지에의 행동을 결정짓는 '종교'에 관해 살펴보자. 이에 앞서 이란의 종교인 이슬람에 관한 이해가 필요하다. 이란은 상부구조의 핵심적 부분인 국가가 궁극적으로 이슬람적 성격을 띠는 이른바 '국가이슬람(State Islam)' 혹은 '이슬람국가(Islam State)'이다.[22] 본 영화에서도 법과 종교는 라지에의 상황을 통해 양자가 상호 긴밀하게 연관되어 나타난다. 라지에는 신실한 이슬람교도이다. 가정부로 고용된 첫 날, 나데르의 아버지가 용변을 가리지 못해 그를 씻기고 옷을 갈아입혀야 하는 상황에 처하게 되자, 라지에는 종교단체에 전화를 걸어 자신의 상황을 설명한다. 여성이 남성의 신체를 (돌)보는 행위에 대한 금지조항을 물어보기 위해서였다. 뿐만 아니라 아내가 없는 남자의 집에 가정부로 일하는 사실조차 꺼려져, 남편에게 그 사실을 숨긴다. 이렇게 그녀를 억압·구속하는 종교는 후반부에 이르러 진실을 숨기지 못하게 만드는 강력한 제제로도 작동한다. 이에 관한 장면을 약술하면, 합의금을 들고 찾아온 나데르는 라지에에게 다음과 같이 말한다. "당신은 신실한 종교인입니다. 그러므로 (이슬람 경전인) 코란 위에 손을 얹고 진실을 말하십시오." 그러자 그녀는 주방으로 뛰쳐나와 안절부절 못하고, 시누이와

20 Giorgio Agamben, *Nudities*, trans. by David Kishik & Stefan Pedatella, Stanford Univ. Press, 2011, p.23.
21 *Ibid.,* p.25.
22 정상률, 『이슬람국가론과 지대국가론』, 한국학술정보(주), 2013, 94쪽.

남편에게 아이가 유산된 원인이 차사고 때문인 것 같다고 말한다. 앞서 보았듯 이란인에게 종교는 법보다 우월할 수 있으며, 영화에서도 라지에의 정신적·현실적 세계를 주관하고 있음을 볼 수 있다.

그람시는 종교가 국가·정당과 더불어 역사·정치적 발전 과정과도 불가피한 관계를 맺고 있다고 하였다. 이는 각 상부구조가 궁극적으로는 자유로울 수 없으나, 경제적 토대의 단순한 반영이 아닌 역사적인 복합성 속에서 끊임없이 변화하고 상호작용하는 것으로 파악한 것이다.[23] 더불어 자신의 국가를 구하기 위하여 자신의 영혼을 버리는 것은 절대적 세속주의의 요소이며, 긍정적이면서 부정적인 세계개념(종교 혹은 지배적인 개념에 반대하는)의 요소라고 하였다.[24] 또한 종교는 상식과 일치하지 않지만 편린화한 상식의 토대이므로 종교와 상식은 지적 질서를 구성하지 못하는데, 그러한 이유는 이들이 개별적 의식 내에서도 통일성과 일치성을 갖출 수 없기 때문이라고 말한다.[25] 특히 성직자들이 그들의 조직 역량을 강화하기 위하여, 지식인 종교와 순진한 영혼을 위한 종교를 공식적으로 양분한 것에 로마교회가 투쟁해 왔음을 강조한다. 그러나 그들은 지식인과 일반인 사이에 수립 가능한 추상적인 의미의 합리적이고 정의로운 관계에만 주목한 것이라고 말한다. 이로 인해 이탈리아는 순진한 대중인 하층부와 지식인인 상층부 사이의 이데올로기적 통일을 이루어낼 수 없었다는 것이다.[26]

그렇다면 라지에에게 종교의 역할 혹은 권위는 무엇인가? 신의 존재 앞에서 진실을 밝히게 하는 힘인가? 혹은 거짓 앞에 벌거벗겨진 인간의 나약함을 향한 보살핌인가? 라지에의 이슬람교에 대한 경의와 순종은 그람시가 말하는 순진한 대중의 모습으로 비춰지기도 한다. 물론 그녀의 종교에 대한 신실함과 순종은 상술한 대로 사건의 진실을 밝혀내

23 칼 보그, *op. cit.,* 48쪽.
24 Antonio Gramsci, *op. cit.,* pp.266~267.
25 *Ibid.,* pp.325~326.
26 *Ibid.,* pp.328~329.

는 중요한 계기가 된다. 그러나 라지에는 21세기 현대사회의 여성이다. 그녀는 임신한 몸으로 어린 딸을 데리고 돈을 벌기 위하여 가정부로 고용되었다. 우리는 출산·육아·가정을 책임져야 하는 이·삼중의 책임을 진 한 여성, 이러한 고통 가운데 놓인 이 여성에게 종교의 역할은 무엇인지 묻지 않을 수 없다. 어쩌면 영화에서 종교는 고통 받는 그녀를 구원·위로하는 체제가 아니라 그녀를 억압·구속하는 기제로 작동하는 것처럼 인식되기도 한다. 또한 그람시의 말처럼, 라지에에게 그것은 정치적 구조와 상식의 체계 안에서 별개의 요소로 기능하지 못하며, 오히려 이들과의 상호적 관계 하에서 억압의 기제로 강화됨을 볼 수 있다. 이와 같이 그녀에게 종교는 한 개인의 삶과 행동을 결정짓는 지표이며, 영화는 그 역할과 권위에 관해 사유케 한다.

지금까지 인간의 현실적 자유와 권익을 보호하기 위한 법, 그리고 영혼의 자유로움과 해방을 위한 종교의 체제가 오히려 그들을 구속하고 억압하는 기제로 작동하였음을 보았다. 이는 상부구조가 지닌 본래의 취지와는 별개로, 자본에 의해 결정되는 사회적 계층에 차별적으로 적용될 수 있음을 보여주는 것이다. 또한 그람시가 지적한 대로 대표적 상부구조가 전통적 지식인의 이데올로기에 의해 일방적으로 결정된 데서 비롯된 것일 수 있다. 다음은 이란의 역사를 통해 변화해 온 여성 인권을 살펴보면서, 영화에 나타난 여성과 교육의 문제를 다루기로 한다.

### '여성'과 '교육'

씨민과 나데르가 이혼 소송을 한 원인은 딸 테르메의 교육 때문이다. 씨민은 더 나은 환경에서 딸을 교육시키고자 했다. 그러나 나데르가 치매에 걸린 아버지를 두고 이민을 갈 수 없다고 주장한다. 씨민이 딸을 유학 보내려 한 이유는, 이란의 남녀평등 지수가 세계 145개국 중 141위를 차지하고 있다는 사실에서도 유추 가능하다. 20세기 초만 해도 이란에서 여성은 교육을 받을 수 없었으며, 보호자 없이 외출을 할 수 없었다. UN에서 발표한 인간개발지수(HDI: Human Development Index)와 성별권한척도(GEN: Gender Empowerment Measure)를 보면, 이란은 다른 중동지역 국가에 비해 매우 저조한 80위 이하 수준에 머물러 있다.[27]

그런데 역사적으로 여성 인권 신장을 위한 노력이 없었던 것은 아니다. 앞서 언급한 팔레비 군주제의 샤는 자신이 계몽주의적 국왕임을 선포하고, 1961년에 농지개혁과 여성 참정권 도입을 주된 내용으로 하는 '백색 혁명(white revolution)'을 시행하였다. 공공장소에서의 히잡(hijab)과 차도르(chador) 착용 금지, 여성의 이혼권리 등은 여성 해방을 위해 시행한 대표적 예들이다.[28] 또한 백색 혁명으로 참정권을 얻은 여성 유권자는 1963년 9월 제21차 의회 선거에서 처음으로 8명의 여성의원을 탄생시켰다.[29] 최근 하산 로하니(Rouhani, H.) 이란 대통령은 정부 고위직에 여성을 임용하기도 하였다. 그러나 여전히 전체 의원 중 여성은 3%에 불과하다. 또한 이란의 일하는 여성 비율은 2013년에 겨우 12.4%를 차지했으며, 여성 실직 비율이 남성보다 5배나 높은 실정이다.[30]

영화에서는 씨민이 딸의 교육을 위해 이민을 선택한 이유를 정확히 제시하지 않지만, 이는 상기한 이란여성의 지위와 자녀교육에 대한 그녀의 욕망에 기인한다고 볼 수 있다. 남편과 시아버지를 남겨두고 이혼을 택해서라도 딸을 더 나은 환경에서 교육시키고자 하는 씨민은 자신의 결정을 끝까지 포기하지 않는다. 이로 인해 부부는 결국 별거하게 되

27 문은영, 『이슬람 문화와 여성의 정치 참여』, 한국학술정보(주), 2006, 181쪽. 이 자료는 2001년 통계 자료이나 이후 2005년 이란의 여성의원 비율이 감소하는 반면, 이라크와 쿠웨이트의 경우는 상승하였다고 덧붙인다. *Ibid.,* 182쪽.

28 임인택, 『이란 문화와 비즈니스』, 늘품플러스, 2015, 156쪽.

29 요시무라 신타로, 『이란현대사』, 장병옥 옮김, 한국외국어대학교 출판부, 2012, 164~171쪽 참조. 그러나 신타로는 이러한 결과는 샤 체제에 의해 미리 짜여 진 당선자 리스트에 기초한 것이라고 하였다. *Ibid.,* 171쪽. 또한 종교계에서 여성의 투표권을 국민의 의무로 인정한 것은 1969년 이슬람 혁명 이후이다. 문은영, *op. cit.,* 180쪽.

30 http://www.newsis.com/ar_detail/view.html?ar_id=NISX20160802_0014262231&cID =10101&pID=10100, 검색일: 2017년 1월 24일.

딸을 데리고 일자리를 찾아 나선 라지에(좌)
라지에가 호얏에게 자신의 유산에 관한 진실을 밝히는 장면(우)

고, 가정부로 고용된 라지에와의 다툼은 더 큰 혼란을 야기한다. 이러한 상황을 두고 관객은 자녀 교육에 있어 무엇이 가장 중요한지에 관해 자문하게 된다. 그러나 영화는 정답을 말하지 않는다. 더 나은 교육제도인지, 온전한 가정환경인지, 아니면 또 다른 무엇인지. 파라디 감독은 해답을 내리지 않은 채, 관객이 사유하도록 질문을 지속적으로 던진다.

그런데 이란의 교육 또한 종교와 밀접한 관련을 맺고 있다. 이란은 근대교육이 시작되기 전까지 가족이나 성직자의 구술을 통해 교육이 이루어졌다. 그러나 샤는 반이슬람적 교육의 광범위한 개혁을 도입하여, 상술한 여성 인권 신장과 더불어 교육제도의 개혁을 시행하였다. 특히 성직자로서 교육에 참여했던 울라마(ulama)와 물라(mulla)를 외국에서 교육받은 이란인으로 교체하였다.[31] 이후 이러한 정책과 독재정권에 대한 반정부투쟁이 일어나고, 1979년 2월 아야톨라 루홀라 호메이니(A. R. Khomeini)가 중심이 된 '이슬람 혁명'이 성공하게 된다.[32] 이슬람 혁명의 성공 후 재집권한 울라마들은 팔레비 체제 아래 세운 서구식 교육기관에서 유럽적·세속적 교육 이념을 축출하고, 이슬람 이념을 다시 주입하였다.[33] 더불어 이란의 사회·문화·여성정책도 이슬람 혁명으로 수

31 장병옥, *op. cit.*, 43쪽.
32 유홍태, 『이란의 역사 - 이슬람의 유입에서 이슬람 혁명까지』, 살림, 2008, 92~95쪽 참조.

립된 엄격한 정부 규칙에 의해 규제되었다.[34] 이와 같이 이란의 상부구조는 이슬람 종교라는 거대한 울타리 내에서 변화해 왔다. 지금도 이란 국민의 97%가 이슬람교를 믿는다는 사실만으로, 그 영향력은 가히 짐작 가능하다.

종교적 힘에 의한 이란의 교육제도 변화는 가톨릭이 지배했던 이탈리아의 경우와 비교해볼 수 있다. 그람시는 상류층인 종교인이 주도해 온 교육으로부터 탈피하여, 교육제도의 개선을 통한 계층 간 대립을 없애고자 하였다. 이는 지배계급과 지식인을 위한 전통학교에서 도구적 계급(하위계급 혹은 종속계급)을 위한 전문학교(직업학교)로의 전환을 의미한다. 그런데 전문화된 직업학교의 문제점은 학생들의 운명과 장래 활동이 미리 결정된다는 것이다. 따라서 육체노동과 지적노동에 필요한 능력을 골고루 개발시켜 올바른 균형을 유지하는 것이 중요하다고 강조하였다.[35] 그람시가 말하는 가장 바람직한 학교의 형태인 '창조적인 학교'는 미리 결정된 프로그램이 아닌, 연구와 인식의 특정한 단계 및 방법을 통해 각자의 개성을 신장시키는 것을 목적으로 한다.[36] 이는 결과보다 과정을 중시하는 교육제도, 주입식 교육이 아닌 창의적 교육과정, 토론과 자율적 참여가 활발한 수업 등을 의미한다. 종교로부터 벗어난 그람시의 교육개혁은 이란뿐만 아니라 한국의 현 교육제도에도 시사하는 바가 크다.

또한 그람시는 교육을 문화조직과 연계하여, 그 중요성을 더욱 강조한다. 그람시는 문화조직을 학교교육 이후의 여러 기능을 떠맡는 사회제도로 보고, 지적 활동과 산업 활동 양자의 새로운 종합적 원리가 문화 조직 전체에 반영될 때 문화의 변화를 초래한다고 하였다.[37] 특히 노동자에 대한 포괄적 의미의 교육을 강조하고, 이들이 철학·예술·역사 연

---

33 김정위, 『이란사』, 한국외국어대학교 출판부, 2001, 262쪽.
34 임인택, *op. cit.,* 157쪽.
35 Antonio Gramsci, *op. cit.,* pp.26~27.
36 *Ibid.,* p.33.
37 *Ibid.*

구, 진과 미의 작품을 창조하는 영역에서 탐구 정신을 계발함으로써 새로운 문명과 생활방식을 창조할 수 있다고 말한다.[38] 아동 교육의 측면에서 보면, 그들의 의식은 그 아동이 살고 있는 시민사회·가정·이웃 등의 사회적 관계를 반영한다는 것이다. 따라서 근본적인 문제는 모범적인 교육과정뿐만 아니라, 복잡한 사회적 총체성에 있음을 지적하였다.[39] 더 나은 환경에서 딸을 교육시키려는 씨민의 행동, 한국의 부모들이 자녀를 유학 보내는 현 상황은, 그람시가 말하는 창의적인 교육과 바람직한 문화조직을 향한 열망일 것이다.

### '집단적 노동자'에서 '유기적 지식인'으로

〈씨민과 나데르의 별거〉에 나타나는 두 가정의 대립은 점차 두 계층의 대립으로 확대된다. 앞에서는 법·종교·교육의 상부구조가 하층민과 여성에게 불리하게 작동하고 있음을 보았다. 그람시는 노동자계층이 자신들의 해방과 지배계급의 이데올로기를 이해하기 위하여, 문화적·도덕적 헤게모니가 필요하다고 주장하였다. 씨민과 나데르는 정규 교육을 받고 기관과 학교에서 일하는 보편적인 중산층 가정의 구성원이다. 반면 가정부로 고용된 라지에와 그의 남편 호야은 이란 하층민의 삶을 대표하는 인물이다. 나데르는 호야이 하교하는 테르메를 위협하려고 기다리는 모습을 목격한 후, 합의금으로 해결하자는 씨민의 설득에 결국 동의한다. 그러나 코란을 앞에 두고 자신의 말이 진실이라고 말하지 못하는 라지에의 행동으로 인해, 합의금에 의한 사건의 종결은 무산된다. 호야과 라지에의 상황은 결국 설상가상에 빈익빈으로 치닫는다. 그들은 임신 중인 아이를 잃고, 합의금도 받지 못하게 된 것이다. 여전히 하층민의 삶을 영위할 수밖에 없으며, 어떠한 돌파구도 보이지 않는다. 또한 호야은 자신이 오랜 기간

38 제임스 졸, *op. cit.,* 40~41쪽.
39 Antonio Gramsci, *op. cit.,* pp.35~36.

일해 온 공장에서 부당하게 해고된 것에 대해 장기간 소송 중이다. 그는 종속계급의 권리를 찾기 위하여 부르주아가 형성한 법과 제도에 항변하는 개별 투쟁을 지속해 온 것이다.

프롤레타리아에게 노동에 대한 대가와 거주 이전의 권리를 부여하는 부르주아의 경쟁은 처음에 그들에게 득이 되지만, 곧 해가 된다고 그람시는 말한다.[40] 또한 노동자는 시장의 모든 유동성의 영향에 종속되는 상품이며, 자신의 미래와 삶에 대한 아무런 보장이 주어지지 않는 신분이라고 덧붙인다.[41] 호얏의 삶과 정체성에도 그람시가 말하는 집단적 노동자의 개념을 대입할 수 있다. 그람시는 잘 협조되고 조직된 노동은 사회적 생산성을 높이며, 한 공장의 총제적인 노동력이 스스로를 한 명의 집단적 노동자로 여겨야 한다고 주장한다. 또한 종속적 계급이 종속적인 위치로부터 벗어나는 도정에 있다는 사실을 인지함으로써, 집단적 노동자는 더 넓은 국가적·국제적 노동 분업의 영역으로 자신의 위치가 확장됨을 자각하게 된다고 하였다.[42] 그람시의 말대로 호얏은 공장의 이윤을 위해 고용되었다가 해고된 실업자이자 개별적 노동자일 뿐이다. 그러나 그는 종속계급의 노동자로서 겪은 부당해고를 묵묵히 수용하지 않는, 실물의 생산자이자 능동적인 사회구성원으로 등장하는 집단적 노동자이길 원했을 것이다.

그람시에 따르면 집단적 노동자는 유기적 지식인의 단계로 나아갈 수 있다. 또한 이들이야말로 지배계급과 피지배계급을 연결하여 바람직한 헤게모니를 구축하는데 기여할 수 있다. 그런데 성직자·정치인·철학자 등의 전통적 지식인은 그들만의 세력을 구축하고 피지배계급을 흡수하기 위하여 오히려 대중을 기만할 수 있다는 문제가 제기된다. 그러나 그람시는 손이나 도구를 사용하여 노동하는 프롤레타리아의 개념을 특

40 안토니오 그람시, 리처드 벨라미 엮음, 『옥중수고 이전』, 김현우·장석준 옮김, 갈무리, 2001, 148쪽.

41 *Ibid.*

42 Antonio Gramsci, *op. cit.,* p.202.

수한 조건과 사회관계 속에서 노동을 수행하는 노동자로 확장시켜, 노동자를 포함한 모든 사람이 지식인이라는 말을 남긴다.[43] 비록 영화에서 호얏은 하류층 노동자의 사회적 정체성을 지니지만, 유기적 지식인을 통해 헤게모니를 구축하고 시민사회를 건설하고자 한 그람시의 열망을 그의 모습에 투영할 수 있다.

파라디 감독은 호얏이 보여주는 부정적 이미지가 사회의 모순에 대한 울분과 폭력으로 그치기만을 바라지 않았을 것이다. 중산층과 하류층의 갈등을 통해 드러나는 호얏의 정체성은 사회구조적 모순을 대변한다. 관객은 그를 통해 노동자 혹은 피지배계급이 자신의 권리를 찾고 정당한 부를 획득하기를 소망하며, 그람시의 바람대로 계급 혹은 계층이 사라지기를 희망해본다. 정치적·물질적 힘과 더불어 문화적·도덕적·지적 수단을 통한 피지배계급의 동의를 요하는 그람시의 헤게모니 이론은 이를 해결하는 하나의 방안이 될 수 있다. 이와 더불어 여성의 인권 향상과 일자리 마련, 빈곤층 자녀를 위한 교육제도 개선, 노동자 계층의 안정적·장기적 일자리 제공 등이 그러한 예이며, 이에 관한 세부적 방침과 실질적 시행이 필요하다.

### 인간 본질로서의 책임감

지금까지 우리는 〈씨민과 나데르의 별거〉에 나타난 다층적 갈등의 양상을 살펴보았다. 그런데 궁극적으로 영화가 말하고자 하는 지점은 개별 인간의 책임감과 맞닿아 있다고 볼 수 있다. 주요 등장인물인 씨민, 나데르, 라지에, 호얏은 어느 누구도 자신의 책임을 회피하려 들지 않기 때문이다. 나데르가 라지에의 임신 사실을 알았음에도 거짓말을 한 점, 그리고 라지에가 차 사고로 인해 유산당한 것 같다고 미리 밝히지 않았다는 점. 이 두 사건

43 *Ibid.,* p.8.

은 비윤리적으로 비춰지지만, 여전히 그들을 나무랄 수 없다. 그들은 자신과 가족을 위한 각자의 책임을 이행하기 위하여 선의의 거짓말을 한 것이다. 테르메가 아버지를 위해 판사에게 또 다른 선의의 거짓말을 한 것도 이와 유사한 상황이다. 이러한 영화의 마지막 논제는 책임감과 동반되는 인간의 본질에 관한 문제라 할 수 있다. 그람시는 '인간이란 무엇인가'라는 질문에 대해, 각 개인들 속에서 그 본질을 찾을 수 있다고 하였다.[44] 그러나 그것은 각 개별 인간이 그 순간에 무엇인지가 아니라 '인간이 무엇이 될 수 있는가'를 묻는 것이며, 과연 '인간이 자신의 삶과 운명을 지배할 수 있는가'에 관한 물음이라고 말한다.[45] 이는 인간을 하나의 과정이자 행위의 과정으로 보고, 인간이 스스로의 삶을 창조할 수 있는지에 관한 질문임을 의미한다. 인간은 이렇게 자신과 타인에 대한 성찰로부터 지금 이 순간 우리가 무엇이며 무엇이 될 수 있는지 알고 싶어 한다는 것이다.[46]

파라디 감독은 마지막 장면에서 테르메가 부모 중 누구를 선택하는지 보여주지 않는다. 그것은 테르메가 부모 중 한 명만을 선택하는 것이 옳다고 말할 수 없기 때문이다. 그러나 관객은 부모를 내보내고 판사 앞에서 자신의 결정을 밝히는 테르메의 모습을 상상한다. 법정의 복도에서 딸의 선택을 기다리는 씨민과 나데르는 프레임 속 무의미한 존재이며, 관객은 보이지 않는 테르메를 연상할 뿐이다. 그녀는 누구를 택했을까? 부모 모두를 사랑하는 자녀가 한 명을 선택해야 하는 그 고통은 어떨까? 이러한 이성적 궁금증과 감성적 포용은 영화가 끝난 후에도 여전히 무겁고 강력한 상흔으로 남는다. 안경 너머로 굵은 눈물을 흘리던 테르메에게는 인간의 본질에 관한 그람시의 통찰력도, 이를 그려낸 파라디 감독의 세밀함도, 그 어떤 위로가 될 수 없기 때문이다.

여기서 되묻지 않을 수 없다. 자녀를 향한 부모의 책임은 무엇인가?

---

44 *Ibid.,* p.351.
45 *Ibid.*
46 *Ibid.*

부모를 향한 자녀의 책임은 무엇인가? 이를 포괄하는 인간의 책임은 무엇인가? 모두가 바람직한 사회를 원함에도 불구하고, 분열이 지속되는 이유는 다시 개별적 책임의 문제로 환원되는가? 이에 관한 해답은 본 영화가 우리에게 남긴 숙제이다. 현재까지도 이란인은 페르시아 제국의 영광과 이슬람 문명 창달이라는 양립된 정체성을 지니고 있다. 이는 자국 종교를 향한 자긍심 이면에 외적의 침입으로 인한 개인의 존엄성에 대한 억압이 공존하기 때문이다.[47] 다양한 사회문화적 배경 하에서 구축되는 개별 정체성과 이에 따른 인간 본질에 관한 사유야말로 본 영화의 마지막 메시지라 할 수 있다.

이데올로기적 통제와 사회화의 기구에 의하여 일상생활의 모든 영역으로 확산된 조직원리 혹은 세계관(의 조합)으로 정의될 수 있는 헤게모니는 피지배계급이 착취와 곤궁을 수용하거나 동의하게끔[48] 유도한다는 부정적 측면을 함께 제시한다. 그러므로 모든 인간을 철학자와 지식인이라고 명한 그람시는 피지배계급으로 하여금 지배계급의 신념체계에 내제된 억압구조를 이해하고 인식하도록 요구한다. 또한 유기적 지식인에 의해 전통적 지식인의 제도 혹은 이데올로기를 피지배계급에 전유할 시, 그는 정치적·물질적 힘과 더불어 지적·도덕적·문화적 수단의 중요성을 강조하였다. 그의 이론에서 종교와 교육의 기능이 중요하게 다루어진 이유가 바로 여기에 있다.

우리는 이탈리아의 리소르지멘토(risorgimento)[49]와 르네상스가 보여준 일부 계층에 의한 헤게모니의 한계 또한 인지하고 있다. 이는 합의가 상실된 지배는 대중의 불신을 양산하며, 오래된 것이 사라지고 새로운 것이 탄생하지 않은 공백기에 나타나는 위기 혹은 병적 증상을 경계

---

47 김정위, *op. cit.,* 259쪽.

48 칼 보그, *op. cit.,* 50쪽.

49 프랑스 혁명의 정신을 이어받아 19세기에 일어난 이탈리아의 독립운동을 뜻한다. 그람시는 프랑스 대혁명이 피지배계층을 흡수하여 경제·사회·정치 구조를 변화시킨 진정한 혁명인 반면, 이탈리아의 리소르지멘토는 지배계층에 한정된 운동으로 진정한 헤게모니를 구축하지 못했다고 비판하였다.

해야 함을 의미한다. 여기서 한국의 현재 상황이 그러한 공백의 위기를 겪고 있는 것이 아닌지 묻지 않을 수 없다. 이탈리아의 시대 상황을 반영한 그람시의 헤게모니가 군사와 사회 제반세력을 연결하는 정치세력을 강조하였다면, 이제는 이를 아우르는 또 다른 세력 혹은 체제가 요청되고 있다. 정치에서 벗어난 급진적 파괴로 특징지어지는 포스트헤게모니(post-hegemony) 개념은 그러한 움직임의 하나이다. 포스트헤게모니는 대중(the multitude)을 그것이 작동하는 정치적 카테고리로 여기고, 국가 권력에 대한 제약과 민주적 실행의 장소로 간주한다. 다시 말해 그람시의 시민사회가 포스트헤게모니에서는 대중의 위치를 점하고 있다.[50]

헤게모니로의 귀환이건 포스트헤게모니이건 혹은 또 다른 가치체계이건, 그것을 찾아가는 항해는 지속되어야 한다. 이는 인류의 평화와 공존을 위한, 개별적이자 공동체적인 바로 그 '책임'의 문제로 귀속되기 때문이다.[51]

---

50 R. Guy Emerson, "Post-hegemony and Gramsci: a bridge too far?", *Comtemporary Politics*, Vol. 19, No. 4, 2013, p.427.

51 이 글은 『통일인문학』, 제19호(95~127쪽)에 실린 것으로 본 도서의 주제와 편집방향에 맞추어 수정하였음.

# 참고문헌


그람시(A.), 『대중 문학론』, 박상진 옮김, 책세상, 2003.

______, 리처드 벨라미 엮음, 『옥중수고 이전』, 김현우·장석준 옮김, 갈무리, 2001.

김성수, 「할리우드 SF영화의 이미지텔링에 사용된 알레고리 연구」, 『글로벌문화콘텐츠』 제19호, 2015.

김정위, 『이란사』, 한국외국어대학교 출판부, 2001.

김현우, 『안토니오 그람시』, 살림출판사, 2005.

문은영, 『이슬람 문화와 여성의 정치 참여』, 한국학술정보(주), 2006.

보그(K.), 『다시 그람시에게로』, 강문구 옮김, 도서출판 한울, 1991.

알튀세르(R.), 『철학에 대하여』, 서관모·백승욱 옮김, 동문선, 1997.

앨새서(T.), 하게네(M.), 『영화이론』, 윤종욱 옮김, 커뮤니케이션북스, 2012.

요시무라 신타로, 『이란현대사』, 장병옥 옮김, 한국외국어대학교 출판부, 2012.

유홍태, 『이란의 역사 - 이슬람의 유입에서 이슬람 혁명까지』, 살림, 2008.

임인택, 『이란 문화와 비즈니스』, 늘품플러스, 2015.

장병옥, 『현대 이란정치』, 한국외국어대학교 출판부, 2004.

정상률, 『이슬람국가론과 지대국가론』, 한국학술정보, 2013.

정영규, 『이슬람경제의 이해 - 이란의 경제 정책과 말레이시아 산업정책』, 연경문화사, 2008.

졸(J.), 『그람시, 그 비판적 연구』, 이종은 옮김, 까치, 1984.
카세티(P.), 『현대 영화 이론: 1945~1995년 영화 이론』, 김길훈·김덕수·김건 옮김, 한국문화사, 2012.
Antonio, G., *Prison Notebooks*, edited and translated by Hoare. Q. and Smith, G. N., *International Publishers*, New York, 1971.
Emerson, R. Guy, "Post-hegemony and Gramsci: a bridge too far?", *Comtemporary Politics*, 19(4), 2013.
Giorgio, A., *Nudities*, trans. by Kishik, D. and Pedatella, S., Stanford Univ. Press, 2011.
Jean, C., "Cinema: revue d'études cinématographiques", *Cinemas: Journal of Film Studies*, 3(2-3), 1993.
Michel, F., *Surveiller et punir: Naissance de la prision*, Éditions Gallimard, 1975.
Mieke, B., *Narratology: Introduction to the theory of narrative*, University of Toronto Press, 2009.
Thimothy J. O. and Peter J. B and Richard, S., *Advances in Identity Theory and Research*, Springer, 2003.

4

# 아르네 네스와 〈반지의 제왕〉

## - 중간계, 환경, 에스닉 문화

김성수

**영화 〈반지의 제왕〉 3부작 포스터**
개요 : 판타지, 모험, 액션 / 뉴질랜드, 미국
감독 : 피터 잭슨
출연 : 일라이저 우드, 이안 맥켈런, 리브 타일러

"인류가 현재 당면하고 있는 문제는 환경 생태계에 관한 것이다. 생태학적 의문은 환경적 피해에 어떻게 대처해야 하는가 하는 것뿐만 아니라 산업 사회 안에서 생활 양식에 대한 관심을 포함한다. 만약 지속적인 경제 성장의 목표가 포기되어야 한다면 아마도 새로운 사회 제도가 개발될 것이다. 기술적 진보는 예견할 수 없으며, 이 지구는 산업화 과정을 위한 충분한 자원을 제공할지도 모른다. 그러나 이 순간 그러한 가능성은 크지 않은 것처럼 보인다. 만약 개발도상국들이 서구가 누리고 있는 생활수준과 비슷한 정도에 도달하기 위해 노력한다면 전지구적 재조정이 필요하다."

- 앤서니 기든스, 『현대사회학』

## 반지의 제왕과 환경 문제

우리나라에도 '중간계(middle-earth)'라는 단어를 모르는 사람이 많지 않다. 〈반지의 제왕〉 영화가 2000년대 초반에 세계적인 히트를 치면서 지구촌 사회 전체에 신드롬을 불러일으켰다. 절대 반지를 둘러싸고 발생하는 각종 사건들은 많은 사람들이 수긍할 수 있는 심리 요소들을 함축하고 있으며, 선과 악의 대비를 통해 현실 사회까지 조망해 볼 수 있기 때문에 그런 것 같다. 영국 작가 J. R. R. 톨킨(Tolkien)의 〈반지의 제왕〉은 창조된 세계 및 세계관을 내포하는 하이 판타지(high fantasy) 중에서 가장 유명한 작품일 것이다.

〈반지의 제왕〉 시리즈는 다양한 관점에서 조명될 수 있다. 기독교(가톨릭)적 관점에서 접근해 볼 수 있고, 신화적인 요소들이 많은 탓에 신화적 관점에서 보는 것 또한 당연할 수 있다. 〈반지의 제왕〉 서사나 등장인물의 성격과 행동 등을 여러 학문 관점에서 분석할 수 있으며, 실제로 그러한 서적들이 이미 상당수 출간되어 있다.

다양한 종족들이 등장하는 탓에 에스닉 문화(ethnic culture) 연구의 견지에서 〈반지의 제왕〉에 대해 고민해 보는 것 역시 충분히 가능하다. 주지하듯 '에스닉'이란 민속적 혹은 토속적인 양식을 총칭하는 말로 잘 알려져 있다. 민족지학(ethnography)과도 연결되는데 민족(ethnos)에 대한 기술 혹은 민속 문화에 대한 서술 등에 바탕을 두고 있는 탓이다. 최근에는 이 단어의 쓰임새가 민족·종족 중심에서 점차적으로 문화·하위문화·사회·단체·집단·가족 등으로까지 옮겨지고 있는 추세에 있다. 물론 그 근간에는 여전히 사회·문화인류학적 연구가 있다. 민족과 집단의 습성 연구가 현대적인 틀로 바뀌고 있다는 점을 시사하고 있는 듯도 하다. 〈반지의 제왕〉은 사회·문화인류학적 차원에서 다각적인 관점으로 접근할 수 있는 여지들이 많으며, 인류학적인 측면에서 특정 종족 혹은 집단에서 관철되고 있는 환경 문화(environment culture) 문제와도 결부되는 면이 많다고 볼 수 있다. 인류와 종족의 환경, 자연과 산업 등과 같은 주제들이 이야기 속에 내포되어 있다.

이 글은 에스닉 문화 연구의 견지 및 환경 관련 주제로 〈반지의 제왕〉에 대해 검토해 본다. 특히 노르웨이의 심층생태학자(deep ecologist)인 아르네 네스(Arne Naess)의 이론을 톨킨의 작가적 사유와 〈반지의 제왕〉의 세계관에 대비시켜 보고자 한다. 그리고 그의 심층생태학 이론이 〈반지의 제왕〉에서 어떻게 환경 및 에스닉 문화적 요소로 설정되어 작용하는지를 보고자 할 것이다.

## 아르네 네스의 심층생태학

1973년 아르네 네스(Arne Naess)에 의해 도입된 심층생태학은 운동의 성격을 띠고 있다. 현재는 많은 환경주의자들이 공감하고 수용하는 전체론적 시각(holistic view)으로 이해된다. 네스는 생태학에서의 '표층(swallow)'이라는 단어를 감안해서 '심층(deep)'이라는 단어를 사용했다. 그에 의하면, 표층생태학은 생태를 말해도 결국 인간의 이익을 위한 이론이지만, 심층은 이와는 다른 독립적인 것으로 생태계 전체에 비중을 두는 이론이라는 것이다.[1] 1984년에 네스는 조지 세션스(George Sessions)와 함께 심층생태학의 주요 사항을 다음 8가지 강령으로 정리하였다.[2]

(i) 지구상의 인간 및 비인간 생명의 복지와 번영은 그 자체의 가치(유사어로는 내재 가치 intrinsic value, 내재적 가치 inherent

1 Arne Naess, "The Shallow and the Deep, Long-Range Ecological Movement", p.Pojman & L. P. Pojman (eds.), *Environmental Ethics –readings in theory and application*, Wadsworth Publishing Company, 1998, pp.134~136.

2 Arne Naess, "The Deep Ecological Movement: Some Philosophical Aspects", M. E. Zimmerman & J. B. Callicott (eds.), *Environmental Philosophy – from Animal right to Radical Ecology*. Prentice Hall, 1998, pp.196~197.

worth)를 지닌다.

(ii) 생명 형태들의 풍부성과 다양성은 이러한 가치의 실현에 기여하며 역시 그 자체의 가치를 지니고 있다.

(iii) 인간은 생명적 요구를 충족하기 위한 경우 말고는 이러한 풍부성과 다양성을 줄일 권리가 없다.

(iv) 인간 생명과 문화의 번영은 상당히 더 적은 수의 인구와 양립할 수 있다. 인간 외 생명의 번영은 더 적은 수의 인구를 필요로 한다.

(v) 현재 비인간계에 대한 인간의 간섭은 너무 지나치며, 상황은 급속히 악화 중이다.

(vi) 따라서 정책이 변화되어야 한다. 이러한 정책들은 근본적인 경제, 기술, 이데올로기 구조들에 영향을 미친다. 그 결과는 현재와 많은 차이가 있을 것이다.

(vii) 이데올로기의 변화는 주로 갈수록 높아가는 삶의 수준을 고집하기보다 삶의 질을 음미하는 것(내재 가치를 지니는 상황 속에 거주하는 것)이 될 것이다.

(viii) 앞의 조항들에 동의하는 사람들은 직접적 혹은 간접적으로 필요한 변화를 이루고자 노력할 의무가 있다.

위 8가지 사항은 심층생태학이 지향하는 바를 명확하게 보여주고 있다. 인간 중심적인 환경관은 지구의 환경을 보호하기에는 적극적이지 않으며 부족하다고 네스는 역설한다. 심층생태학의 원리를 따르기 위해서는 현대인의 생활 스타일을 심층생태학에 맞게 바꾸어야 하고 일반인들도 전체론적인 관점인 세계관을 수용할 수 있도록 지속적인 운동을 펼쳐야 한다고 강조한다.

이 견지에서 프레야 마튜스(Freya Mathews)는 심층생태학에 7가지 특징이 있다고 보았다. ① 상호-관련성의 형이상학(a metaphysic on inter-relatedness), ② 생물계적 평등주의 윤리(an ethos of biospherical egalitarianism), ③ 다양성과 공생의 가치(the values of diversity and symbiosis), ④ 반계급적 자세(an anti-class posture), ⑤ 공해와 자원고갈에 대한 반대(opposition to pollution and resource depletion), ⑥ 복잡성 가치(the value of complexity), ⑦ 지역 자율성과 탈중심화에 대한 강조(an emphasis on local autonomy and decentralization)이다.[3]

심층생태학은 인간과 인간의 자연 환경이라는 이분법을 기본적으로 거부한다. 인간과 인간의 자연 환경은 원래부터 구분되지 않는 것인데, 전근대적 혹은 근대적인 환경 개발 위주 사고방식으로 인해 이러한 관점이 생겨나고 고착화 되었다고 본다. 심층생태학은 공해와 자원 고갈을 환경 문제의 궁극적인 내용으로 수용하지 않는다. 인간이 인간으로서 존중받아야 하는 것처럼, 자연 환경은 생명을 지닌 유기체적 존재이며 내재 가치가 있으므로 존중받아야 한다고 볼 뿐이다. 또한 인간에게는 생명의 다양성과 풍요성을 축소할 수 있는 권리가 전혀 없다고 강조한다.

조셉 R. 데자르뎅(Joseph R. Desardings)은 심층생태학의 규범을 자아실현(Self-realization)과 생명중심적 평등(biocentric equality)의 원리로 본다.[4] 그는 인간 개인의 욕망과 신념이 사회 속에서 실현되는 일상적 의미의 자아실현이 아닌, 자연과 함께 있는 큰 자아(대문자 Self를 사용)가 생태계 전체와의 합일을 인식하고 자아를 생태계와 상호 연관시켜 자신의 존재를 이해하고자 하는 정신적 성숙을 자아실현으로 본다. 또한 모든 생명체가 전체의 각 부분들로서 상호 연결되어 있는 평등한 구조 속에 존재하고 있으므로 가치적 차원에서 구분이 없는 동등한 위치에 있다는 점을 생명중심적 평등으로 이해하고자 한다.

종합하자면 심층생태학은 기존의 환경 윤리 내용들이 축적된 형태이며, 자연환경을 인간 중심적인 틀이 아닌 생태를 감안하여 새롭게 바로 볼 수 있도록 노력해야 한다는, 즉 생각을 완전히 바꾸어야 한다는 일

---

3 Freya Mathews, “Deep ecology”, D. Jamieson (ed.), *A Companion to Environmental Philosophy,* Blackwell publisher, 2003, p.218.

4 조셉 R. 데자르뎅, 『환경윤리의 이론과 전망』, 김명식 옮김, 자작아카데미, 1999, 310~315쪽.

종의 적극적인 윤리 운동이라고 할 수 있다. 1970년대 미국 녹색운동 흐름과 연결되었으며 종교적 영성과 과학을 종합하려는 신과학 운동과도 맞물려 있다. 대체로 현재는 심층생태학이 환경 윤리 중에서 가장 큰 조류로 세계적인 인정을 받고 있으며, 환경 정책의 상당 부분에 이론적인 토대가 되고 환경 운동에도 다양하게 영향을 미치고 있다.

### 아르네 네스의 관점에서 본 중간계의 에스닉 문화

네스의 심층생태학은 인간이 생태의 일부분이며 전체 생태계를 위해서는 인류보다 자연 환경 전체를 더욱 적극적으로 고려하는 생각과 태도를 취해야 한다고 강조하는 생태 중심 이론이다. 자연에 대한 인간 중심적인 개입은 환영받을 만한 내용이 아니라는 것이다. 이러한 입장은 〈반지의 제왕〉에 함축되어 있는 환경 문제들 및 관점과 연결되는 바가 적지 않다. 패트릭 커리(Patrick Curry)는 〈반지의 제왕〉을 심층생태학과 연결해서 생각해 볼 수 있게 한다고 주장한다.[5]

자연 환경과 관련하여 기본적으로 〈반지의 제왕〉에서의 핵심은 자연을 힘의 근원으로 두고자 하는 선의 편과 채굴과 기계 문명을 힘의 근원으로 삼는 악의 편, 선과 악의 양대 세력이라는 설정이다. 인간·엘프(요정)·드워프(난쟁이)·엔트(거대 나무)·호빗족 등으로 이루어진 선의 연합군은 환경에 의지하고 자연과 함께 적극 조화하려는 모습으로, 악의 제왕인 사우론의 군대(오크와 트롤 등으로 구성된)는 자연 환경을 무차별적으로 파괴하면서 지하에서 광물을 채굴하는 등 전쟁 준비를 하는 모습으로 그려지고 있다. 영화에서도 선한 편이 나오는 장면들에서는 태양빛이 가득한 배경이 거의 대부분이며, 악한 편이 나오는 장면들에서는 지하 세계와 용광로의 불 등과 같은 배경이 거의 전부다. 선과 악

5 Patrick Curry, *Defending Middle-earth: Tolkien, Myth and Modernity*, Houghton Mifflin Company, 2004, p.18.

을 빛과 어둠으로 각기 표현하고자 한 것이다. 생태학적 사고가 있는 편을 선한 진영으로, 환경을 지배하고 파괴하는 편을 악한 진영으로 묘사한 것으로 보인다.

이 견지에서 앤드류 라이트(Andrew Light) 역시 〈반지의 제왕〉에 환경 테마들이 들어있음을 지적하였다. 그는 패트릭 커리처럼 〈반지의 제왕〉이 강력한 환경주의적 메시지, 곧 1960년대 후반~1970년대 초반의 급진적인 환경 운동(심층생태학 역시 포함되는)을 예견하는 비밀스런 내용들을 함축하고 있다고 보지는 않는다. 그에게 있어서는 〈반지의 제왕〉에서 두 탑을 각기 지키고 있는 악의 마법사 사루만과 악의 제왕 사우론이 주변 자연 환경에 가한 황폐화와 샤이어 숲에서 평화롭게 사는 호빗족 및 팡고른 숲에서 조용히 비밀스럽게 살고 있는 엔트족의 대비가 환경 문제를 가장 명확하게 드러내는 부분이다.[6] 영화에서는 마치 19세기의 산업혁명 및 산업 폐기물 쓰레기장을 방불케 하는 장면들이 사우론과 사루만의 탑 주변 지하에서 보이고 있다. 반면 샤이어 숲은 잘 정리된 영국의 전원 내지 정원처럼 보이며, 팡고른 숲은 수목이 우거진 원시림처럼 보인다. 인간중심적인 개발과 생태중심의 조화가 극명하게 대조를 이루고 있다.

〈반지의 제왕〉을 생태학적 사고와 연결시켜 볼 수 있게 하는 가장 큰 특징은 이야기 내 세계관이 인간 중심 관점에서 완전히 탈피되어 있다는 점이다. 패트릭 커리에 따르면, 인간은 다른 종족들과 세계를 공유하고 있는데 이는 자연 환경을 이해하는 관점에서 매우 중요한 설정으로 보아야 한다고 한다.[7] 〈반지의 제왕〉에서는 오크·트롤·엘프·호빗·엔트족 등 여러 종족들이 등장하고 있으며, 인간족은 이 종족들 중의 한 부류에 불과하다. 인간족은 중간계에서 엘프, 드워프족들과 더불어 중심적

6 앤드류 라이트, 「톨킨의 녹색시간: 반지의 제왕에 나타난 환경 테마」, 그레고리 베스헴 외, 『철학으로 반지의 제왕 읽기』, 최연순 옮김, 이룸, 2003, 263~265쪽.

7 Patrick Curry, *op. cit.,* p.18.

인 부족이긴 하지만, 아름다운 자연과 조화를 이루고 있는 엘프족보다 모든 면에서 능력이 떨어지고, 자연 속에서 자연을 가꾸며 사는 순수한 호빗족보다 선하지 않으며, 대장장이의 형상으로 그려져 자연을 선용하여 문명을 개척하는 드워프족보다 더 충직하지 않다. 더욱이 앤드류 라이트는 인간족 외의 다른 종족들이 각기 자연의 일부를 상징하고 있다는 견해 또한 제시한다. 엘프족들은 숲을, 드워프족들은 산을, 호빗족은 잘 가꾼 전원을 구체화한 것처럼 보인다는 것이다.[8] 인간족은 자신들만의 인위적인 방식으로 사는 종족들이다. 인간은 자연을 개발하고 적극 활용하는 종족이지만, 중세 수준 정도인 것으로 묘사되어 있다. 인간 역시 〈반지의 제왕〉에서는 하나의 종족이라는 차원에서, 에스닉 문화의 정의나 적용을 보다 심화해 볼 수 있을 듯도 하다.

이야기 구조상 인간을 위한 자연이나 환경 등과 같은 개념은 애초부터 생각할 수 없게 되어 있다. 하지만 세계 내 모든 산물, 각 종족들은 물론, 돌과 물과 바람 등까지도 위대한 자연과 세계의 주요 구성원이라는 듯한 인상이 강하며 이야기의 중추가 된다는 측면에서 심층생태학적 사고방식으로 해독이 보다 용이한 세계가 〈반지의 제왕〉에 용해되어 있는 근본적인 세계관이라고 보는 게 개연성이 더 높다. 영화에서는 유려한 자연 경관 장면들, 혹은 강과 나무와 바위 등에 대한 롱-테이크 및 클로즈-업 장면들이 이러한 면모를 보다 명확하게 하고 있다.

심층생태학 내용은 엘프족에게서 많이 찾아볼 수 있다. 엘프족은 숲의 요정이다. 자연 환경 전체가 그들의 무대인 동시에 집이며, 인간의 문명과는 유사하면서도 다른 형태의, 곧 그들만의 고등 문화를 만들어 내었다. 생태계의 일부 종족이지만 숲과 자연을 관리하면서도 그와 동일시되어 살아가는 엘프족은 단적으로 자연을 상징한다고 볼 수 있다. 엘프는 여러 소설 및 콘텐츠에서 다양하게 묘사되고 있지만, 〈반지의 제왕〉에서 묘사된 엘프족은 이상주의적이고 순수하면서도 예술적인 기독

8 앤드류 라이트, *op. cit.*, 266~268쪽.

자연과 조화된 엘프족의 거주지 리븐델

호빗족들이 사는 샤이어 숲

교인을 모티프로 삼았으며, 기독교의 천사와 그리스·로마 신화의 님프의 고귀함과 아름다움에서 인용해 왔다고 보는 견해가 일반적이다.[9] 악의 사우론 군대와 맞서 싸우는 그들은 자연 자체 혹은 자연을 지키는 수호천사처럼 보이기도 한다. 〈반지의 제왕〉에서의 엘프족은 육식보다

9 엘프는 게르만 문화에서 장난꾸러기 작은 정령이란 의미를 가지고 있는데, 여기에 인간형 종족이라는 이미지가 혼종되어 〈반지의 제왕〉에서는 자연 친화적이면서도 고차원의 문명을 지닌 종족으로 설정되었다. https://namu.wiki/w/요정(가운데땅) 참조.

는 채식을 즐겨하는 것으로, 술을 많이 마셔도 취하지 않는 종족으로 설정되어 있다.

엘프족에 대한 이러한 설정과 묘사로 볼 때, 그들은 자연 환경과 동화될 수 있는 자아(Self)들을 지니고 있으며, 생태계를 최대의 존중으로 대하고 생태계의 일부임을 자랑으로 삼는 것을 종족의 세계관으로 삼고 있다. 생태계의 다양성을 극도로 존중하고, 생태계의 다양성을 파괴하고자 하는 편을 악의 세력으로 규정하고 맞서 싸우며, 생태적 질서를 존중한 나머지 채식주의를 선호한다는 맥락은 심층생태학주의자들이 보통 자신들을 일반화해서 규정하는 모습이다.—실제로 대부분의 환경주의자들이 채식주의자이며, 불교의 세계관을 존중하고 있는 이들도 많다. 비록 종족간의 계급적 차별이 없다고는 하지만 〈반지의 제왕〉에서 일반화된 엘프들의 모습은 인간보다 훨씬 더 나은 수준을 지닌 존재로 설정된 듯한 인상을 준다. 영화에서는 의상이나 태도 등으로 미루어 볼 때 동양의 생활 문화까지도 상당부분 흡수한 혼종문화를 지닌 종족처럼 보이기도 한다. 환경 차원을 감안하여 보자면 엘프족 문화는 심층생태학적 세계관을 바탕으로 하는 에스닉 문화인데, 〈반지의 제왕〉은 이 문화가 실제 현실의 인간 문화보다 우월하다고 생각할 수 있게 해 주고 있는 것 같다.

한편, 엔트족에게서도 심층생태학 관련 내용들을 찾아볼 수 있다. 〈두 개의 탑〉 편에 등장하는 이들은 거대한 고목에 눈과 코가 붙어 있으며 나뭇가지들이 팔과 다리가 되어 이동의 능력을 가지며 수목을 돌보는 역할을 하는 나무 요정이다.[10] 말을 천천히 신중하게 하며 느리게 움직여서 거인을 연상하게 하는 엔트족은 역사가 가장 오래된 종족이어서 노인처럼 보이기도 한다. 고대에 엘프족이 거대 나무인 엔트족으로 하여금 말을 하고 움직일 수 있게 가르쳐 주었다는 설정이 있다. 또한 이들은 숲이나 자기 종족과 직접 관련되지 않는 한 다른 종족들에

10 https://namu.wiki/w/엔트 참조.

엔트족들이 사는 팡고른 숲

악의 마법사가 황폐화 시킨 아이센가드

게 관심을 갖지 않는 특성을 지녔다고 설정되어 있다. 앤드류 라이트는 이를 일종의 자연적 중립성으로 보았는데, 엔트족의 시간은 고대로부터 계속된 인간 존재의 유무와 무관한 장구한 것[11]이며, 그들의 특성은 인간을 포함한 생물체들이 자연에 대해 어떤 의식과 태도를 갖느냐에 달려 있다라는 의미를 해석한 듯하다. 그런데 바로 여기서 엘프족과의 대비점이 보인다. 자연 환경에 대한 직접적인 상징은 엘프족이라기 보다는 엔트족이라는 것이다. 엔트족은 엘프족처럼 생태 전체를 깊게 고려하고 수호할 수 있는 능력을 지니지는 않았지만 오랜 경험과 연륜을 바

11 앤드류 라이트, *op. cit.*, 279~280쪽.

탕으로 한 지혜와 힘이 있으며 오래된 울창한 숲으로 대변되므로 자연을 상징하기에 더 적합하다. 팡고른 숲은 거친 땅(wilderness)인 야생 숲으로 심층생태학자들의 예찬 대상이다.

결국 엔트족은 사루만의 탑이 있는 아이센가드를 맹공격 하게 된다. 아이센가드 옆의 팡고른 숲에서 평화롭게 살고 있던 엔트족은 호빗족인 메리와 피핀이 도움을 청하자 처음에는 거절했다. 그러나 악의 마법사 사루만이 숲을 황폐화 시킨 만행을 저지른 것을 본 엔트족의 족장인 나무수염은 숲의 정의를 위해, 나아가 종족 존망에 대한 염려로 인해 종족을 이끌고 사루만과의 전투에 참여한다. 분노한 엔트족의 힘과 능력은 전투에서 엄청난 위력으로 발휘된다. 심층생태학에서 강조하는 내용들이 실제로 현현된 것이다. 본래 심층생태학에서 말하는 생태는 자신의 자정작용을 위해 생태 내 요소들에게 직접적으로 위해를 가할 수 있는 유기체적인 존재다. 자연 환경의 입장에서 보자면, 자연은 지진·화산·해일, 그리고 기후 변화 등으로 엔트족과 같은 힘을 실제로 발휘할 수 있다. 먹이사슬처럼 생존을 위해 구성물들 간에 정당한 위해를 허용하

| 심층생태학의 특징 | 〈반지의 제왕〉의 강조점 |
|---|---|
| 상호-관련성의 형이상학 | 반지 및 자연 환경과 관련되어 모든 것들이 서로 관련되어 있음 |
| 생물계적 평등주의 윤리 | 모든 종족, 자연 산물들이 서로 간에 평등한 상태에 있음 |
| 다양성과 공생의 가치 | 다양성을 존중하고 공존·공생하고자 하며, 자연 산물들 모두에 내재 가치가 있음 |
| 반계급적 자세 | 모든 종족간이 반계급적임(단 프로도와 샘은 주인-정원사의 관계가 있음) |
| 공해와 자원 고갈에 대한 반대 | 자연을 훼손하고 공해를 일으키며, 자원을 착취하는 것이 악으로 묘사되어 있음 |
| 복잡성 가치 | 자연 생태 환경은 복잡성을 유지해야 하며, 자연을 대하는 태도에 선악의 대립이 있음 |
| 지역 자율성과 탈중심화에 대한 강조 | 종족들은 각기 자율적으로 움직이며, 자신들의 세계관을 바탕으로 생활하고 있음 |

는 시스템과 마찬가지로, 생태 환경이 분노한다면 스스로 자신의 안전과 보존을 위해 내부의 구성물들에게 정당한 위해를 위력적으로 끼칠 수 있다.

그러므로 심층생태학자들은 자신들이 말하는 자연 환경에 대한 인식이 중요하다고 역설하고자 할 것이다. 인간 중심적인 자연 환경 인식은 큰 도움이 되지 않으며, 아이센가드를 공격하는 엔트족 같은 상황이 실제로 일어나지 않게 미연에 방지할 수 있도록 생태계 내의 모든 구성물들이 서로 간에 존중하면서 공존할 수 있기 위한 길을 적극 모색해야 한다고 강조하려 들 것이 분명하다.—최근의 지구촌 이상 기후 현상은 이러한 상황의 전조처럼 보이기도 한다. 〈반지의 제왕〉에서 이러한 엔트족의 특성이나 태도는 종족이라는 면에서는 에스닉 문화처럼 보이나, 실제로 자연 환경과 심층생태학의 입장을 감안해서 본다면 로컬적인 에스닉 현상만이 아닌 글로벌적인 현상으로 이해할 수 있게 된다.

정리하자면, 심층생태학이 강조하는 프레야 마튜스의 7가지 특징이 〈반지의 제왕〉 안에 모두 들어있다.

따라서 패트릭 커리가 급진적인 환경 운동의 맥락이 〈반지의 제왕〉에 내포되어 있다고 본 게 무리수는 아니다. 즉 〈반지의 제왕〉에서는 환경 문제 역시 에스닉 공간의 배경이 되며 그 내용들을 엘프, 엔트족을 비롯한 각 종족들이 나름대로 표상하고 있다는 측면에서 역시 에스닉 문화적이라고 볼 수 있다.

## 에스닉적 로컬에서 글로벌로

이상 에스닉 문화라는 개념을 감안하여 〈반지의 제왕〉과 아르네 네스의 심층생태학을 살펴보고 대비시켜 보았다. 그 결과 상당 부분에서 상통하는 부분이 있음을 확인하였다. 〈반지의 제왕〉이라는 이야기 속 중간계의 종족들인 엔트족과 엘프족의 특징들이 바로 그 내용들이다. 에스닉 문화적 요소들이 내용 전체에 걸쳐 다양하게 내재되어 있다는 점에 대해, 나아가 자연 환경의 중요성 또한 인지할 수 있었다. 이 관점으로 보자면 에스닉적인 로컬 문화에 대한 이해의 차원을 높일 수 있게 해 주는 작품인 것이다.

환경과 관련해서는 현실을 반영하고 있으면서도 현실을 넘어서고자 한다는 면, 현실에 영향을 주고자 하면서도 어느 정도 이상적인 측면이 있다는 점이 드러났다. 심층생태학과 같은 환경주의의 실질적인 실천이 실제 현실 속에서는 얼마나 쉽지 않은가가 판타지 요정들을 통해 예로 설명된 듯한 느낌이다. 판타지가 아닌 현실 속에서 사람들이 환경주의자들의 이상을 얼마나 따르고 수용할 수 있겠느냐라는 문제 제기가 가능한 것이다. 하이 판타지인 〈반지의 제왕〉에 자연 환경과 관련되어 이처럼 이상적인 내막이 은연 중 들어있도록 설정한 톨킨의 의도는 어쩌면 당연한 것이었을는지도 모른다. 이로 인해 자연 환경에 대한 인식 수준을 제고해야 하고, 환경과 관련하여 선악에 대한 이해가 중요하다는 점을 절실하게 깨닫도록 해주고 있다.

의문의 여지없이 〈반지의 제왕〉은 거대한 동화다. 톨킨은 어른들을 위한 동화를 집필하고자 했다고 한다. 영국의 이야기인 〈반지의 제왕〉을 통해, 선과 악, 정의, 자연 환경 등의 문제를 어른들로 하여금 보다 깊게 생각하도록 해주었다는 데서 톨킨의 의도는 이미 관철되었다고 할 수 있다. 잭슨의 영화는 이 내막을 세계 모든 이들에게 전파하고 대중화시킨 공이 있다. 에스닉 문화 요소적 측면을 내재한 판타지 이야기인 〈반지의 제왕〉은 영화를 통해 에스닉 문화를 완전히 넘어서는 작품이 되었다. 환경 주제와 관련해서는 에스닉 문화와 글로벌 문화의 경계를 허물어야 한다고 강조하려는 듯하다.[12]

---

12 이 글은 『동서철학연구』, 제81호(609~635쪽)에 실린 것으로 본 도서의 주제와 편집방향에 맞추어 일부 수정하였음.

# 참고문헌

데자르뎅(J. R.), 『환경윤리의 이론과 전망』, 김명식 옮김, 자작아카데미, 1999.

듀리에즈(C.), 『루이스와 톨킨 - 우정의 선물』, 홍종락 옮김, 홍성사, 2003.

라이트(A.), 「톨킨의 녹색시간: 반지의 제왕에 나타난 환경 테마」, 그레고리 베스헴 외, 『철학으로 반지의 제왕 읽기』, 최연순 옮김, 이룸, 2003.

스마쟈(I.), 『반지의 제왕 혹은 악의 유혹』, 김현아 옮김, 씨앗을 뿌리는 사람, 2003.

윤혜진, 「환경 윤리의 세 가지 기초 쟁점에 대한 분석」, 『동서철학연구』 58호, 2010.

정은해, 「생태윤리를 위한 사유전환의 교육」, 『인문학연구』 4집, 1999.

Curry, P., *Defending Middle-earth: Tolkien, Myth and Modernity*, Houghton Mifflin Company, 2004.

Donovan, L. A., "Middle-earth Mythology: An Overview", Lee, S. D. (ed.), A *Companion to J. R. R. Tolkien*, John Wiley & Sons, Ltd., 2014.

Mathews, F., "Deep ecology", Jamieson, D., (ed.), *A Companion to Environmental Philosophy*, Blackwell publisher, 2003.

Naess, A., "The Deep Ecological Movement: Some Philosophical Aspects", Zimmerman, M. E. & Callicott, J. B. (eds.), *Environmental Philosophy –from Animal right to Radical*

*Ecology*, Prentice Hall, 1998.

_____, "The Shallow and the Deep, Long-Range Ecological Movement", Pojman, p.& Pojman, L. P. (eds.), *Environmental Ethics –readings in theory and application*, Wadsworth Publishing Company, 1998.

Wood, R. C., *The Gospel According to Tolkien - Visions of the Kingdom in Middle–earth*, Westminster John Knox Press, 2003.

# 5

# 파리코뮌과 에스닉적 관점

## - 영화 〈코뮌〉을 통해 보는 프랑스 공화주의의 향방

안효성

**영화 〈코뮌〉 포스터**

개요 : 페이크 다큐멘터리 / 프랑스 / 345분 / 2000년 개봉

감독 : 피터 왓킨스

**일러두기**

이 글에서 '에스닉'은 주로 소수민족에 해당하는 민족 공동체나 그들의 정체성, 또는 인종(민족) 간의 불평등한 위계관계만을 지칭하지 않는다. 이 글에서 에스닉은 글쓴이의 특정한 주제적 관심에 따라 권력의 위계에서 하위문화를 향유하는 비주류 '소수' 집단을 폭넓게 지칭한다. 이 경우 '소수'란 결코 수적 소수만을 의미하지 않는다. 정치·사회적 주류는 수적으로는 소수일지라도 그 사회의 상징적 가치를 대변하는 한 의미상 '다수'로 볼 수 있고, 반대로 정치·사회적 비주류는 수적으로는 다수일지라도 그 사회의 주변적 가치로 취급되는 한 의미상 '소수'로 볼 수 있기 때문이다. 따라서 이 글에서는 파리코뮌 안에서 활동하고 대립한 다양한 혁명적 정치 분파나 부르주아에게 억압받던 노동자 인민들의 존재가 '에스닉'의

차원으로 간주된다. 이 글은 에스닉 개념에 대한 그와 같은 조작적 정의 하에서, 파리코뮌이라는 급진적 공화주의 혁명을 소재로 삼았으되 출연진의 구성과 그들의 체험적 시각을 통해 에스닉적 문제의식을 접목시킨 영화 〈코뮌〉의 관점과 파리코뮌 사태를 지켜보던 마르크스의 평가를 이용해 소위 에스닉 문제로 표출되는 국가 사회적 현상의 실제적 본질에 접근하고 그 지점에서 자연스레 에스닉 문제의 근본적 해결책을 찾는 것을 목표로 한다.

## 에스닉, 공화주의, 그리고 〈코뮌〉

세계적으로 다문화주의의 현상과 문제가 짙어지고 있는 근래, 국가 내의 이질적 인종과 에스닉 공동체들 간에는 갈등이 심화되고 있는 형국이다. 대량의 IS발 시리아 난민들의 유럽 유입으로 인한 유럽 각국의 국수주의적 우경화 현상, 노골적으로 인종갈등을 부추기는 성향을 지닌 도널드 트럼프 미국 대통령의 행보 등으로 볼 때, 서방 세계를 중심으로 에스닉 문제는 더욱 돌출될 것으로 예측된다. 그야말로 인종과 종교, 문화적 차이에 대한 태도와 관리의 문제를 두고 세계는 또 한 번 커다란 도전에 직면하게 된 것이다. 결국 어느 나라, 어느 사회이든지 간에 에스닉 문제를 회피할 수는 없다면, 그리고 해당 문제가 가하는 국가 사회적 부담이 가중되는 추세라면, 그에 대한 최적의 관리 방안을 서둘러 모색하지 않을 수 없다. 글쓴이는 이와 관련하여 공화주의의 강화를 한 방안으로 제시하고자 하는데, 정치 공동체를 구성하는 계층 및 집단들 간의 다양성을 전제로 그것들의 상호 균형과 조화를 통해 공동체 전 구성원들의 자유와 평등을 보장하는 한편, 강한 통합을 동시에 유지하는 정치 방식이 다름 아닌 공화주의이기 때문이다.

본고에서는 그런 공화주의 전통의 선구자이자 대표자로서 프랑스라는 국가 공간의 사례를 들여다보고자 한다. 주지하듯 공화국과 공화주의는 프랑스 대혁명 이래 프랑스인들의 제도이자 가치 자체이고, 삶의 양식이 되어있다 할 만하다. 좀 더 자세히 얘기하자면 프랑스인들에게 공화국이란 그저 하나의 형식적 정치체제에 그치지 않고 그들이 가진 여러 제도, 사회조직, 정신의 표상, 철학의 토대, 역사적 근거, 가치, 정치적 실천 등이 포괄적으로 결합된 종합적 사회체제 정도에 해당할 것이다. 그리고 어떻게 보면 프랑스인들에게 공화국이나 공화주의는 하나의 교리나 문화적 표상으로 간직되고 있다고 해도 크게 무리가 없을 것이다. 숱한 혁명의 부침 속에서 단련된 프랑스식 공화주의의 전통은 또 하나의 대표적 공화주의라 할 수 있을 영미권 공화주의 전통과도 구별된다. 이 글은 프랑스가 다양한 인종과 높은 이민 인구 비율을 가지고 있음에도 불구하고, 최근 불거진 이슬람 인구에 대한 관리 갈등 문제 정도를 제외하면, 오랫동안 '자유·평등·박애'의 깃발 아래 통합력 높은 안정적 민주공화국으로서 존재해 올 수 있었던 특별한 동인에 주목하고자 한다.[1]

물론 오늘날의 프랑스인들에게 가치 내재화 된 프랑스 공화주의는 1789년 대혁명 이래 혁명 계보를 이끌어온 급진적 사상으로서의 공화주의와는 달리 실용적 중도사상으로 탈색된 공화주의이며, 현재의 프랑스 공화국은 전체 인민대중의 공화국이라기보다는 자본가 및 중간계층의 이해가 주로 관철되는 공화국에 머물러 있다. 출신, 인종, 종교적 소수자의 입장이 소위 공화국의 보편적 이념 아래 억눌려 있게 되는 데서 발생하는 차별과 갈등의 문제도 일정한 결함인 것이 사실이다. 그러나 그러한 한계에도 불구하고 이 글은 프랑스 공화주의가 갖는 긍정적 측면에 보다 주목하려 하며, 프랑스 공화주의의 가장 급진적이고 이상적인 면모가 드러난 역사적 사례라 할 수 있는 1871년의 '파리코뮌'을 조

1 오늘날의 프랑스 제5공화국 헌법은 "프랑스는 나뉠 수 없고, 세속적이며, 민주적이고, 사회적인 하나의 공화국이다."라고 못 박는다. 1958년 헌법 제2조, 1995년 수정헌법 제1조. 이용재·박단 외, 『프랑스의 열정: 공화국과 공화주의』, 아카넷, 2011, 6쪽 참조.

명함으로써, 에스닉 문제의 부정적 돌출을 억제하게 되는 공화주의의 효과를 드러내 보이고자 한다.

프랑스의 논픽션 다큐멘터리 감독 피터 왓킨스(Peter Watkins)가 제작하고 연출한 영화 〈코뮌〉[2]은 매우 독특한 연출 방식으로 만들어진 영화로서, 무려 345분이라는 무척이나 긴 상영시간에 걸쳐 1871년 당시 파리코뮌의 시작과 끝을 관객들에게 마치 실시간 현장 중계처럼 생생하게 보여준다. 본고는 이 영화의 흐름을 좇아 일시적으로 극단적 소외의 공간이자 해방의 열망으로 가득 찬 공간이 되었던 파리코뮌의 전개 양상과 그 속에서 찾아 볼 수 있는 공화주의의 급진적 성격을 소개하고자 한다. 나아가 파리코뮌의 발생 당시 그것을 지켜보며 열광하였던 마르크스의 평가를 통해 '보편적 공화국'으로서의 코뮌이 지향했던 가치를 적출함으로써, 프랑스 공화주의의 이상을 현존하는 일반적 프랑스인들의 인식 속에 있는 공화국 정신과 구분하여 정리해 볼 것이다. 그리고 그것을 통해 프랑스 공화주의의 급진적 특징이 일종의 에스닉 문제를 어떻게 극복하고 관리할 수 있을지, 그 단서를 찾고자 한다.

## 〈코뮌〉이 그리는 파리코뮌의 에스닉적 풍경

### 코뮌 정부 수립 전

피터 왓킨스의 영화 〈코뮌〉은 누가 보더라도 아주 인상적인 영화이다. 흑백 화면의 5시간 45분이라는 긴 상영시간도 그렇지만, 무엇보다도 영화의 제작 방식이나 분위기가 흔히 볼 수 있는 것이 아니다. 다양한 직업을 가진 상당수의 비전문 배우를 포함한 220여 명의 출연자들은[3] 감독에 의해 주어지는 정보와 설정에 한정 받지 않고 역사상의 파리코뮌과 자신

2 원제는 La Commune(Paris, 1871)으로 2000년에 발표되었다.

3 출연자들은 전문 연기자들만이 아닌, 대학생·일반시민·실직자·외국인·불법 이민노동자까지 폭넓게 망라하여 구성되었다.

영화 〈코뮌〉 영상 캡처. 파리 제11지구 민중들을 인터뷰하는 코뮌TV 기자

이 말은 배역에 대한 개인적인 연구와 집단토론의 과정을 거쳐 가며 영화를 찍었고, 제작진은 극히 반체제적인 혁명의 현장이라는 파리코뮌의 소재적 특성상 주위에서 제대로 된 제작 지원을 받을 수가 없었기에 파리 외곽의 한 버려진 공장에 세트장을 마련하고 단 3주 동안에 걸쳐 촬영을 진행하였다. 영화는 1871년 3월 17일부터 코뮌의 마지막을 장식한 5일간의 '피의 주간'에 이르는 날까지의 사건을 파리 제11지구 상황에 국한하여 생생히 재현해낸다.

〈코뮌〉은 영화 서두부터 당시에는 현실적으로 존재할 수 없는 '코뮌TV'라는 민중의 편에 선 방송사를 등장시킴으로써 다큐와 픽션이 혼재하는 듯한 방식으로 1871년의 파리코뮌 현장을 마치 실시간 현장 중계처럼 관객에게 전달한다. 그리고 코뮌TV의 방송기자 역을 맡은 두 남녀 배우들이 격변의 현장에서 파리의 시민들을 인터뷰하거나 코뮌의 소식을 전달해 가면서 이야기를 이끌어간다. 또한 파리코뮌에 대적하는 베르사유 의회정부 측의 시선과 주장을 대변하는 가상의 국영 '베르사유TV' 방송도 또 하나의 서사적 축으로 등장시킴으로써, 파리코뮌 사태의 복잡하고 혼미한 성격을 잘 보존하고 균형 있는 관점을 제공한다.

영화의 구체적인 내용을 논하기에 앞서 〈코뮌〉의 이야기가 시작되는

1871년의 3월 17일은 어떤 날이었고, 그날을 즈음한 전후로는 어떤 일들이 벌어졌던 것인가를 알고 있을 필요가 있다. 1870년, 프랑스는 병력과 군비, 장비와 훈련도 등 모든 면에서 군사적으로 우월했던 프로이센과 무모한 전쟁을 벌였다가 단숨에 패전하고 그 해 9월 2일 황제가 포로로 붙잡히는 상황에 이르게 된다. 9월 4일, 그 소식을 접하고 분개한 파리 시민들의 봉기로 하루아침에 나폴레옹 3세의 제2제정이 무너지고 공화제(제3공화국)가 선언된 속에서, 프랑스는 파리를 버리고 달아난 부르주아와 왕정세력이 연합한 '베르사유 정부', 그리고 국민군 중앙위원회 및 20구 중앙위원회가 두 축이 되어 이끄는 '파리'로 분열된다. 그런 긴장 속에서 파리는 코뮌 선거를 실시하여(1871년 3월 26일) 민중의 자주적 정부로서 '파리코뮌'을 선포해버린다.(1871년 3월 28일) 그리고 곧장 다음 날인 29일 제1차 평의회를 열어 10개의 위원회—집행, 재정, 군사, 사법, 식량, 건설, 노동·공업·교통, 교육, 안보, 외교—를 구성함으로써 공식 정부로서의 활동을 개시한다. 그러나 한편 파리는 물밀듯이 쳐들어온 프로이센군에게 철저히 포위되어 고립된 상태에 처해 있었다. 영화 〈코뮌〉의 시작일인 3월 17일은 이런 일련의 행보를 차곡차곡 진행해 나갔던 파리를 제압하기 위한 기습작전을 논의하고자 베르사유 정부의 각료회의가 소집된 날이었다. 그리고 3월 18일은 정부군의 새벽 기습이 실시된 날이자, 정부군의 기습이 즉각 격퇴되고 국민군 중앙위원회의 주도로 파리코뮌의 혁명이 개시된 날이었다.[4]

〈코뮌〉 속 민중들은 코뮌TV의 기자들에게 당시 파리가 처한 상황에 대해서 얘기해준다. 6개월간 계속된 프로이센의 포위로 인해 물자는 극도로 부족해졌으며 사람들은 굶주렸고 사망률은 2배로 급등했다. 파리 가정의 80%가 촛불을 조명으로 사용해야 했으며 질 좋은 밀로 된 빵의 공급은 어려웠다. 어린 아이들은 잘 먹을 수가 없었고 식량이 떨어

4 노명식, 『프랑스 혁명에서 파리 코뮌까지, 1789~1871』, 책과함께, 2011, 379~419쪽; 가쓰라 아키오, 『파리코뮌』, 정명희 옮김, 고려대학교출판부, 2007, 143~185쪽 참조.

영화 〈코뮌〉 영상 캡처. 3월 18일 정부군의 기습을 물리친 뒤의 파리 봉기

진 사람들은 쥐와 나무뿌리를 먹어야 하는 상황이었다. 때문에 실업자들은 일당 30프랑을 받고 국민군에 입대하곤 했는데 당시 30프랑은 양배추 1개와 개의 머리를 살 수 있는 정도의 금액이었다. 많은 상인과 장인들이 부채에 허덕였고 노동계급과 프티부르주아 층은 절망에 빠졌다. 일찍이 파리를 탈출하지 못하고 남겨진 프티부르주아들의 경우는 하층계급의 절망과 분노가 높아져가는 파리의 시국을 흉흉하게 여기고 있었고 코뮌 가담자들을 폭도로 간주하면서 비난하는데 열을 올렸다. 그렇지만 다수의 시민들이 원하는 것은 프로이센의 침략과 왕정복고로부터 공화국을 지키는 것이었다. 특히 극빈 노동자 계층 시민들은 1789년의 대혁명이 자신들의 삶을 아무 것도 바꾸어 놓지 못했다는 불만을 품고 있는 상태였다.

3월 18일이 되자, 정부 수장 아돌프 티에르는 정부군을 보내 국민군 수중의 대포를 회수하려 했으나 이를 눈치 챈 노동계급 여성들이 앞장선 민중과 국민군 병사들의 저항에 밀려 실패한다. 정부군으로부터 중요한 화력인 몽마르트 언덕의 대포를 지켜낸 파리 시민들은 그 성공에 감격하여 '사회주의 만세', '공화국 만세', '자유 평등 박애'와 같은 구호를 외쳐대며 한껏 기세를 올리고, 이 시간의 사건을 계기로 봉기는 파리의 노동계급 거주지 전역으로 확산된다. 정부군으로부터 대포를 지켜낸 것에서도 그랬지만 코뮌 기간 동안 여성들은 여러 방면에서 활약하였다. 당시 국방 임시정부가 실업대책의 일환으로 설립한 여성작업장은 여성들의 정치적·사회적 의식을 급신장시키는 계기가 되었고, '파리 방위·부상자 간호를 위한 여성동맹' 결성을 통해 적극적인 정치·사회·교육 활동에 임한다.

### 코뮌 정부 수립 후

3월 28일, 코뮌 평의원 선거결과 혁명파가 압도적 다수로 당선되고 공화주의자와 사회주의자가 손을 맞잡는다.[5] 한편 코뮌TV의 두 기자 제라드 부르에와 블랑쉬 카펠리에는 열광하는 프롤레타리아와 사회주의자들의 물결을 지켜보며 격한 불안과 불만을 감추지 못하는 부르주아들의 심정을 인터뷰함으로써 코뮌의 선포에 동의하지 않는 세력이 만만

5 코뮌의 탄생 과정에 있어 20구 공화주의 중앙위원회가 파리 선거민에게 발표한 '선거강령선언'은 주목할 만한데, 여기엔 후일 뒤따르는 코뮌의 여러 강령들이 대부분 내포되어 있다. "파리는 3월 18일의 혁명으로, 국민군의 자발적이고 용기 있는 행동으로 자치권, 즉 스스로의 공적인 힘, 경찰, 재정을 조직할 권리를 획득했다. …… 가족이 사회의 씨방이듯이 코뮌은 모든 정치체제의 기초다. 코뮌은 자율적이어야 한다. 즉 스스로를 통치하고, 그 특수한 능력, 전통, 필요에 따라 스스로를 관리하며, 정치적, 국민적, 연합적 집단 속에서 완전한 자유와 개성과 도시 안의 개인으로서의 완전한 주권을 보유하는 도덕적 인격체로서 존재해야 한다. 가장 광범위한 경제적 발전과 국가와 영토의 독립과 안전을 보장하기 위해, 모든 코뮌은 서로 결합하는, 즉 다른 모든 코뮌 또는 국가를 구성하는 코뮌의 협동조직과 연합할 수 있으며, 또한 연합해야 한다. 코뮌은 그것을 결정하기 위해 종족, 언어, 지리적 위치, 기억과 제반 관계와 이해의 공동성을 갖고 있다." 인용문 중 특히 강조된 부분의 내용은 코뮌이 초에스닉적 성격을 지니고 있음을 확인시켜 준다고 할 것이다. 가쓰라 아키오, *op. cit.*, 173~175쪽 참조. 뿐만 아니라 파리 인터내셔널 지부연합이 노동자조합 연합회와 공동으로 내놓은 23일의 선거선언에는 코뮌의 독립이 계급대립을 종식하고 사회적 평등이 확보될 수 있도록 하는 계약의 담보라는 점과, 각 코뮌의 자치는 노동자의 해방을 요구할 때조차도 억압적 성격을 없애고 공화제가 그 최고의 표현임을 확인한다는 점을 분명히 하였다. 같은 책, 176~177쪽 참조.

치 않았음을 분명히 확인시켜준다. 이윽고 코뮌 평의회가 꾸려지면서 그간 통치를 맡아온 국민군 중앙위원회의 일을 평의회가 인수하려 하지만 중앙위는 순순히 인계에 임하고 자신의 자리로 복귀하려 하지 않음으로써, 코뮌은 파리민중의 바람을 실현시키는 급진적 성과에도 불구하고 베르사유의 적을 앞에 두고 분열의 조짐을 보이고 만다. 그 사이 티에르의 베르사유 의회 정부는 반격을 준비하고, 3월 18일 당시 베르사유의 군사력을 압도했던 파리는 불과 2주 만에 전세의 역전을 겪게 되며, 급기야 베르사유 측은 4월 10일에 프로이센과의 평화협정 조인을 통해 귀환포로를 합류시켜 병력을 40만으로 증강하기에 이른다.

강하게 압박해오는 적 앞에서 코뮌의 분열은 심화되었다. 코뮌 의회는 블랑키파와 인터내셔널파, 자코뱅파로 나뉘어져 있었고, 반혁명에 대한 혐의를 놓고 불신 속에 그들은 서로 분열하였다. 그리고 중앙위원회와 코뮌 평의회 간의 업무 갈등이 갈수록 심해졌으며 여기엔 국민군 장교들과 시 위원들 간의 지휘권 갈등이 포함되어 있었다. 각 지구마다 여성동맹이 설치되어 남성들과의 평등을 위해 노력했음에도 불구하고 남성들은 이에 대해 협조적이지 않았다. 5월 1일 설치된 공안위원회는 코뮌의 분열을 더욱 표면화시켰다. 이 공안위원회는 로베스피에르의 독재를 모방한 형태였으며, 공안위원회의 등장으로 인해 코뮌 의회는 과격한 다수파와 온건한 소수파로 확연히 갈라서게 된다. 베르사유 정부군의 군사적 공세가 강화될수록 과격파도 더욱 극성맞아져 간다.

5월 8일, 이시 요새가 드디어 함락되고 코뮌TV는 그 소식을 크게 보도한다. 그 와중에도 5월 18일 여성동맹은 '여성직종노조연합'을 수립키로 결의하고 21일에 다음 모임을 갖기로 하지만, 바로 다음 날(19일)의 파리 함락으로 모임은 더 이상 결코 열릴 수 없게 된다. 〈코뮌〉은 이 모임이 향후 프랑스 여성의 사회적 도약을 위한 중대 계기가 될 수 있었는데 그러지 못했다며 큰 아쉬움을 표하는데, 이는 실제 파리코뮌에서 발생한 가장 불행한 일들 중의 하나일 것이다. 5월 22일 베르사유군은 파리를 점령하고 파리 시민을 학살한다. 코뮌 평의회는 시청을 포기하고

11지구 구청으로 후퇴하며, 노동계급과 국민군은 최후의 바리케이드를 치고 처절하게 항전하지만 모두 진압된다.[6]

〈코뮌〉의 후미에서 배우들은 자신들의 현재 시점으로 돌아와 1871년의 파리코뮌과 감독 피터 왓킨스와 함께 찍은 영화 작업에 대해 얘기 나눈다. 어떤 이는 오늘날의 프랑스가 파리코뮌을 홀대하고 있음을 비판하며 레닌이 『국가와 혁명』에서 코뮌의 성과를 높이 평가했다는 사실을 상기시키고, 다른 배우들은 파리코뮌의 실패 이유를 놓고 토론하면서, 실패에도 불구하고 코뮌은 시민과 함께 하는 권력의 전범이었고 훗날 여러 가지 싹을 틔운 것이 분명하다고 평가하기도 한다. 많은 배우들은 〈코뮌〉을 준비하고 찍는 동안 진지하게 혁명에 대해 이야기할 수 있었고 그것이 그들 자신에게 있어 아주 독특하고 흥미로운 경험이었다고 말한다. 여성 출연자들은 모두가 (부르주아, 노동자 등 서로 다른 배역을 맡았던 만큼) 각자 자신의 민주주의를 이룩하고 그 과정으로 나아갔으며, 다른 이들을 위한 여지를 남기면서 그 속에서 자기를 찾을 수 있었다고 회고한다.

어떤 여배우는 이 영화를 통해 코뮌 현장을 체험함으로써 남성들의 사회적 태도에 대한 부정적 입장을 갖게 되었다면서, 이젠 여성들이 대리자를 통해서가 아니라 자기 존재를 통해 목소리를 높일 때가 되었다고 주장한다. 그녀는 남성과 여성이 (생물학적으로) 같지는 않겠지만 상호 간에 존중과 품위를 갖춘 동등한 자격으로 대우받아야 한다면서, '평등의 공간'으로서의 코뮌에 동의를 표한다. 부르주아 숙녀 역을 맡았던 한 여배우는 코뮌의 과격성이 갖는 심각성을 지적하기도 하지만 1871년의 상황이 지금의 정치경제적 현실과 결코 다르지 않다는 것과 인간의 존엄 및 평등의 소중함을 절감했다고 말한다. 반코뮌적 배역을 맡았던 어느 한 출연자는 자신이 비록 그런 배역을 맡기는 했지만, 우리

6 파리코뮌의 포위에서 진압까지에 이르는 함락 과정의 구체적 내용은 Alistair Horne, *The Fall of Paris: The Siege and the Commune 1870-71*, London: Penguin Books, 2007 참조.

5월 21일, 파리 시내로 진입한 정부군과 시민들의 공방전[7]

의 역사에서 코뮌이 있었기에 우리가 민주주의의 참된 가치를 향해 전진한 것이고 민주주의를 실천적으로 개선시킬 수 있었다고, 코뮌은 불평등과 차별에 대한 사회적 투쟁이었다고 말한다.

그렇게 영화 속에서 그들은 파리코뮌의 성쇠에 따라 주류(의미적 다수)와 비주류(의미적 소수)를 넘나들었고, 우리가 본고에서 조작화한 의미에서의 에스닉 범주의 일원이 되거나 에스닉 범주의 밖에 서거나를 반복하였다고 할 수 있는데, 통상적으로 우리가 삶에서 평생 한 쪽의 관점만을 취하기 십상이라는 점에 비추어 볼 때 이것은 〈코뮌〉의 출연자들에게 에스닉의 현실과 문제를 다각도로 통찰할 수 있는 기회를 제공했을 것이다. 〈코뮌〉이 갖추고 있는 이런 형식적 특성과 성찰은 파리코뮌의 역사적 경험을 에스닉적 관점에서 재론할 수 있는 여지를 강화해준다고 할 수 있다.

7 http://m.terms.naver.com/entry.nhn?cid=42050&categoryId=42050&docId=1699324

## 파리코뮌의 사회공화국적 가치

〈코뮌〉에서 생생히 묘사되고 있는 것처럼 1871년의 파리코뮌은, 프로이센-프랑스 전쟁의 패전으로 제2제국이 몰락하면서 발생한 1870년 9월의 혁명으로 들어선 새 공화정(제3공화국)의 보수성에 대한 파리 민중의 불만이 발발시킨 노동자투쟁의 산물이며 노동자들을 위한 혁명정부였다. 당시는 외국과의 전쟁과 국내의 복잡한 정파적 투쟁이 뒤얽혀 있었던 데다가, 파리 함락 이후 주로 부유한 사람들은 대거 파리를 탈출하고 빈곤 계층 주민과 파리 주변 요새에서 철수한 패잔병들로 파리가 채워진 상태에서, 파리의 민심이 실망과 불만, 분노로 가득 차 있었다. 파리는 정부군 대신 프로이센군의 진격을 막으려는 국민군이 장악하였고 왕당파 정부의 처신에 격분한 민중들은 과격해졌으며, 주로 급진적 성향을 가진 정치인들과 노동자들이 다수였던 파리의 분위기상 파리는 급속히 좌익적 성격으로 치우쳐갔다.

이런 분위기에서 이전까지 억압받고 착취당하던 노동자와 여성들이 코뮌의 수립 과정에서 주체가 되거나 역동적인 역할을 수행함으로써, 도시에 대한 장악력을 상실하는 부르주아들과 그 관계가 뒤바뀌는 '에스닉의 전도' 상황과 에스닉 문제를 혁명적이고 평화롭게 관리하기 위한 정치질서의 급진적 모색이 발생하였다. 파리코뮌의 과정에서 파리와 파리의 노동자들은 대개의 나머지 프랑스 영토로부터 고립되었으며, 파리에 남은 프티부르주아를 포함한 부르주아들의 경우는 파리를 떠나간 파리 밖의 동 계급 시민들과 단절되고 진정한 공화국을 표명하는 코뮌을 세운 노동자 빈민 계층의 득세에 기가 꺾이면서 재차 파리 내에서도 섬처럼 고립되었다. 그리고 한편으로는 정부군으로부터 파리를 방어할 주요 전력인 대포를 지켜낸 이후로 파리코뮌의 수립과 방어에 혁혁한 공을 세우는 여성 노동자들은 남성들과 동등한 주체로 취급받지 못함으로써 같은 코뮌의 주인들 중에서 변별되고 소외되는 현실에 놓여야 했다. 완전한 평등을 추구하는 코뮌이라는 정치체에서 어쨌거나 불평등이 발생한다는 사실은 모순되지 않을 수 없었다. 여하튼 여러 모로 프랑스 전체를 놓고 볼 때 파리의 코뮌에서는 중층적인 에스닉 경계가 성립된 것이라 할 수 있었다.

게다가 파리코뮌은 노동자를 주체로 하는 민중과 부르주아 정부, 코뮌 정부—이곳은 다시 국민군 중앙위원회와 코뮌 평의회, 코뮌 산하의 지역 소위원회로 분열이 발생한다—사이의 대항과 동맹 관계, 또한 블랑키파와 인터내셔널파, 자코뱅파, 프티부르주아적 급진공화파 등 여러 정파의 복잡한 각축 관계를 기축으로 전개되었기 때문에 대단히 혼란스런 양상을 지니고 있을 수밖에 없었다. 실제로 파리코뮌은 그런 현실을 잘 알고 있었기 때문에 차이의 인정과 공존을 극대화하는 통합력 있는 정치체로서 '진정한 공화국'의 건설을 제일 과제로 삼았고,[8] 노동자가 주체가 되어 아래로부터 수립한 평등한 정치 공동체였던 만큼, 비록 극히 짧은 순간만 현존하였다 할지라도 진정한 보편 공화국으로서의 코뮌의 이상과 규칙들을 그 어느 역사적 경험보다도 더 풍부하게 제공하는 측면이 있었다.

다만 당시 코뮌의 건설에 참여한 다양한 민중들은 코뮌을 대략 민중의 자주적 관리조직으로서 이해하기는 하였지만 그들이 떠올린 코뮌의 성격이 통일되어 있는 것은 아니었다. 마르크스는 당시 상황을 지켜보면서 파리코뮌이 본질적으로 노동자계급의 정부라고 평가하였다. 그가 목도하기에 파리코뮌은 "노동자계급이 사회적 주도권을 발휘할 수 있는 유일한 계급으로 공공연하게 인정된 최초의 혁명이었"[9]고, 코뮌의 핵심 가치는 그것이 중앙집권적 행정부 또는 국가권력에 대한 진정한 반대물이라는 것에 있었으며, 코뮌이야말로 "인민에 의한 인민을 위한 인민 자신의 사회 생활의 회복"[10]을 가져다 줄 것으로 기대되었다.

---

8 최일성, 「프랑스 공화주의의 계보와 다문화주의: 동이(同異)의 정치학」, 한국정치사상학회 월례학술회의 발표문, 2013년 6월, 3쪽 참조.

9 칼 맑스, 「프랑스에서의 내전: 국제 노동자 협회 총평의회의 담화문」, 이수흔 옮김, 김세균 감수, 『칼 맑스/프리드리히 엥겔스 저작 선집』 제4권, 박종철출판사, 1995, 69쪽.

행정부 형태와 의회 형태를 모두 포함한 계급 지배의 기구에 다름 아닌 국가에 대한 결정적 부정인 코뮌을 정식화하고 투쟁적으로 개시할 수 있는 주체는 마르크스가 보기엔 오직 노동자계급밖에 없었다. 삶의 경제적 조건이 부르주아 계급이나 하층 중간 계급에게는 새로운 혁명을 주도할 수 있는 가능성을 부여하지 않았으며, 자기 자신들은 물론 사회 모두를 위하여 모든 제계급과 계급 지배를 폐지하는 것을 사회적 사명으로 여기는 프롤레타리아만이 국가, 곧 조직된 중앙집권적 정부 권력을 타도해 낼 수 있다는 것이 마르크스의 판단이었다. 그러나 마르크스가 코뮌을 모든 계급의 폐지, 즉 계급투쟁의 완전한 폐지 상태로 본 것은 아니었다. 마르크스에게 코뮌의 가치는 그것이 '모든 사회 계급의 대표로서의 코뮌'이라는 데 있었고, '사회공화국'으로서만 가능한 '참된 공화국의 존재 방식'이라는 데 있었다.

> 프랑스의 모든 생명력 있는 분자들은, 공화국은 프랑스와 유럽에서 '사회 공화국'으로서만, 다시 말하면 자본가와 지주 계급에게서 국가 기구의 소유권을 빼앗아 그것을 꼬뮌으로 대신하며 '사회 해방'이 공화국의 위대한 목표라는 것을 솔직하게 공언하고 따라서 꼬뮌 조직에 의한 저 사회 개조를 보장하는 공화국으로서만 가능하다는 것을 승인하고 있다. 다른 공화국은 … 언제나 갑자기 제정으로 변하게 될 계급 지배의 익명의 테러일 뿐이다![11]

피터 왓킨스의 〈코뮌〉 역시 1871년의 파리코뮌을 조명함에 있어 당시 파리에서의 에스닉의 전도나 중층경계적 혼란과 갈등을 부각시키고, 노동자·빈민·여성·사회주의·공화국이란 키워드를 중점적으로 호명하면서 그때와 크게 다를 바가 없는 오늘의 현실과 지속적으로 비교하는 것을 볼 때, '모든 사회 계급의 대표로서의 코뮌'과 '사회공화국'과 같은 보편

10 *Ibid.*, 16쪽.
11 *Ibid.*, 29쪽.

적 공화국[12]의 청사진을 간접적으로나마 제시하고 싶었던 것으로 보인다. 실제로 〈코뮌〉은 〈코뮌〉의 출연자들을 포함한 제작진이 주류 미디어 자본의 외면 속에서 변변찮은 자원으로 영화를 찍어야 하는 프랑스 사회의 소수 그룹으로서 겪는 고충에 대해 털어놓고 있으며, 현재의 프랑스 사회에 존재하는 다른 문화권이나 다른 계층 특히 빈민층에 대한 너그럽지 못한 시선에 대한 비판을 자막이나 배우들의 토론 영상을 통해 영화 안에 삽입시키고 있다.

〈코뮌〉에서 한 배우는 영화의 주요 소재가 되는 바리케이드를 오늘날 프랑스 사회에 존재하는 비주류 집단(에스닉)의 앞에 놓인 경계선에 비유한다. 그는 지금의 프랑스에도 경찰력에 맞서는 폭력적인 거리투쟁과 그에 대한 경찰의 폭력적 진압이 존재하며, 더 나아가 억압과 저항의 충돌이 벌어지는 무형의 바리케이드가 프랑스 사회의 곳곳에 놓여 있음을 지적한다. 대표적인 것은 자본과 노동의 충돌 문제만이 아니다. 자신을 프랑스에 일하러 온 이주노동자로 소개하는 한 여성 출연자는 프랑스에 존재하는 이주자 문제를 파리코뮌의 경험과 연계시켜 언급한다. 많은 외국인 이주노동자가 불법 체류자 문제 등을 쟁점으로 거리 행동에 나서며 그 과정에서 경찰과의 폭력적 대치가 발생하곤 하는데, 포용력과 개방성, 그리고 적의와 관련된 프랑스의 이주자 문제는 사실 그들이 '외국인이어서'가 아니라 '빈민이기에' 발생하는 것이라고 그녀는 날카롭게 지적한다. 그녀는 자신의 경험으로 볼 때 다른 민족 이웃 간의 문화의 차이는 서로가 사이좋게 어울려 지내는데 별 상관이 없으며, 문제는 경제 형편의 차이에 달렸다고 힘주어 말한다. 결국 프랑스에서의 이주자 문제는 경제 불평등과 빈민의 문제에 다름 아니고, 에스닉 문제와 관련된 다문화주의 정책이 실패한 원인 역시 거기에 있다면, 공화주의의

12 '보편적 공화국'이란 보편적 가치 기준을 확정해 둔 채 공화국의 구성원들을 동화(同化)적으로 통합시키고자 하는 보편주의적 공화국, 보편성을 추구하는 공화국을 의미하는 것이 아니다. 보편적 공화국은 우리가 생각해 볼 수 있는 이상적인 수준의 공화국이란 의미이다.

나라를 표방해온 프랑스는 현존하는 프랑스 공화국의 문제점을 보편적 공화국의 요소 상실에서 찾을 수 있을 것이며, 사회공화국의 길을 걷기 위해 분투했던 파리코뮌의 경험을 소중한 자산으로 삼아 되돌아볼 필요가 있을 것이다.

## 프랑스 공화국 정신의 특징과 상황, 그리고 문제 해결의 방향

프랑스 공화주의의 전통은 1789년 대혁명의 산물로 탄생한 이래 파리코뮌과 직접 맞닿아 있는 제3공화국에서 그 제도적 기반을 마련했다고 할 수 있다. 공화주의가 프랑스 국민들의 정체성에 강하게 고착되어 있는 것은 주지의 사실이며, 이것은 프랑스 공화주의의 성공 증거로 여겨져 왔다. 그러나 아이러니하게도 이제 이것은 유럽 통합과 이민사회의 안정화에 방해물로 작동하는 측면이 있기도 하다. 프랑스는 원래 벨기에·스페인·이탈리아 등의 유럽계 노동자는 물론 과거 제국의 경험을 바탕으로 한 식민지 출신 이민자들을 중심으로 다양한 인종 및 민족이 유입된 사회였음에도 불구하고, 자유·평등·박애를 앞세우는 대혁명의 전통을 자랑하는 나라답게 통합력 높은 국가 분위기를 유지해왔다. 그러던 것이 20세기 중반부터 북아프리카계 무슬림 노동자의 유입이 급증하면서 문화적으로 상이한 주체들이 공화국의 정체성과 안정성을 위협하는 것은 아닌가 하는 불안과 논란이 발생했으며, 이민자들에 대한 차별적 동화 정책과 이주민들의 고유문화 향유를 적극적으로 인정하는 문화상대주의적 다문화주의 정책의 연이은 실패[13]는 토착 다수집단 프랑스인들과 주로 이민자

13 김민정, 「프랑스의 이민자 정책: 공화주의적 동화정책의 성공과 실패」, 『세계지역연구논총』 제25권 제3호, 한국세계지역학회, 2007; 이산호, 「프랑스의 문화다양성과 사회통합정책」, 『다문화콘텐츠연구』 창간호, 중앙대학교 문화컨텐츠기술연구원, 2008; 문지영, 「'동화주의'와 '다문화주의' 사이에서: 프랑스 이민자 통합정책」, 『다문화 사회연구』 제2권 제1호, 숙명여자대학교 다문화통합연구소, 2009; 손은하, 「다문화 사회에서 이주민의 타자화: 재현된 영

인 소수집단 프랑스인들 사이의 갈등과 혼란을 증폭시키고 있다.

이것은 프랑스 공화주의가 직면한 일대 위기처럼 보인다. 이와 관련하여 다문화주의는 주류집단과의 관계에서 소수집단이 주변화 되고 격리되는 것을 막아주는 보호 기능을 분명히 지니고 있다. 그럼에도 다문화주의가 위험할 수 있거나 실패하게 되는 이유는 그것이 지나치게 문화상대주의의 지평에서 전개되거나, 집단 간의 관계 문제를 지나치게 문화적인 것으로 환원한다는 데에 있다. 문화적인 것은 결코 독립된 현상이지 않으며 정치·경제·사회적 내용과 복잡하게 연루되어 있다. 게다가 〈코뮌〉의 출연자가 프랑스의 이주자 문제는 사실 그들이 '외국인이어서'가 아니라 '빈민이기 때문에' 발생한다고 정확히 지적했듯이, 사회와 경제의 긴밀한 관계를 직시하고 거기에서 문제의 원인과 해법을 찾는 것이 더욱 유익할 수 있을 것이다.

당초 1970년대의 실물경제 위기, 1980~1990년대의 금융경제 위기로 일자리가 부족해지고 실업이 증가했을 때 프랑스인들은 외국인 이주노동자들의 존재에 주목하였고, 그들 문화적 타자들이 공화국의 가치를 위협한다고 질타함으로써 은근히 그들에게 경제 위기의 책임을 전가하였다. 그로 인해 외국인 이주노동자들과 그들의 자식들은 그들이 정착하고, 또 태어나 자란 나라에서 주변화 되고 차별과 배제를 경험해야 했다. 2000년대 들어서도 거듭되는 경기침체로 인해 많은 이주노동자들은 그나마 저임금 일자리마저 잃고 빈곤계층으로 전락해야 했다. 그렇지만, 일반적 프랑스인들의 다수는 자신들이 경험하는 경제적 어려움을 다른 문화를 가진 외국인 이주자들이 프랑스로 몰려든 때문이라고 생각하는 경향이 있다. 다수집단 프랑스인들이 볼 때 소수집단 이주노동자들의 빈곤은 국가·사회적 차원의 경제 구조가 원인이라기보다는 그저 그들 스스로의 부적응과 무능에서 비롯된 것일 뿐이며, 그들의 존재

상물을 중심으로」, 『다문화와 평화』 제7권 제1호, 성결대학교 다문화평화연구소, 2013; 박선희, 「프랑스 안의 무슬림: 공화주의와 문화갈등」, 『국제관계연구』 제20권 제1호, 고려대학교 일민국제관계연구원, 2015 참조.

는 실업을 촉발해 사회불안을 조성하는 불쾌한 집단일 뿐이다.

결국 프랑스에서 이문화 이주자들이 겪는 사회적 불평등과 소외, 차별의 문제, 그리고 그것이 불러오는 필연적인 갈등과 저항의 문제가 근본적으로 경제적 요인으로 인한 것이고, 계급적 갈등의 성격을 벗어나지 않는 것이라면, 파리코뮌이 표상해 보인 '사회공화국'이라는 보편적 공화국의 이념은, 그간 성공한 공화주의의 대표 국가로 인정받아온 프랑스조차도 최근에 곤란을 면치 못하고 있는 에스닉 문제의 합리적 처리를 위한 해결의 단서를 제공해 줄 수 있을 것이다. 비록 오늘날 현실의 프랑스 공화국은 전체 인민대중의 공화국이기보다는 자본가 및 중간계층의 이해가 관철되는 정치 공간이고, 보통의 프랑스인들에게 있어 공화주의는 급진성이 탈색된 가치로 내재화되어 있지만, 그와는 달리 파리코뮌이 정초해 보인 사회공화국은 자본주의적 착취와 소외로부터 인간을 해방시키는 것을 궁극적 목표로 삼으며, 아래로부터 노동자가 주체가 되어 차이의 인정과 공존을 극대화하는 통합력 있는 평등한 정치체로서 '진정한 공화국'의 건설을 제일 과제로 삼기 때문이다.

우리는 파리코뮌 구성 직전 20구 공화주의 중앙위원회가 파리 선거민에게 발표한 '선거강령선언'에서 코뮌은 종족, 언어, 지리적 위치, 기억과 제반 관계와 이해의 공동성을 갖고 있다고 명시한 점과, 노동자조합연합회와 파리 인터내셔널 지부연합이 그해의 23일에 내놓은 선거선언에서 코뮌은 계급대립이 종식되고 평등이 확보되는 공화제가 그 최고의 표현임을 확인한다고 선포했음을 상기할 필요가 있다. 마르크스가 볼 때에도 '모든 사회 계급의 대표로서의 코뮌'은 인상적이었고, 그에게는 '사회공화국'만이 '참된 공화국의 존재 방식'으로 수용되었다. 두말할 나위도 없이 파리코뮌은 불평등과 차별에 대한 일체의 투쟁 현장이었다. 한데 출신, 인종, 종교적 소수자의 입장이 소위 공화국의 보편적 이념 아래 억눌려 있게 되는 데서 발생하는 또 다른 차별과 갈등의 문제가 현재 프랑스를 휘감고 있으며, 그것이 오늘날 프랑스가 겪고 있는 에스닉 문제의 본질이다. 완전한 평등을 추구하는 공화국이라는 정치체에서 어떤 방식으로든 불평등이 발생한다는 사실은 정의롭지 않다. 지금 프랑스가 겪고 있는 에스닉적 고통은 파리코뮌의 기억을 역사의 구석으로 내몬 대가이다. 개인들이 법의 지배 하에서 동등한 권리를 갖고 자유와 평등, 정의를 누리면서 조화롭게 더불어 살도록 하기 위한 정치 공동체인 공화국(res publica)의 행복을 만끽하기 위해서는 보편을 강제하는 중앙집권적 행정부 또는 국가권력이 거부되어야만 할 것이다. 그리고 이상적으로는 공화국과 코뮌이 일치되는 사회공화국이라면 다양한 인민은 있으되 에스닉의 문제는 없을 것이다.

# 참고 문헌


가쓰라 아키오, 『파리코뮌』, 정명희 옮김, 고려대학교출판부, 2007.

김민정, 「프랑스의 이민자 정책: 공화주의적 동화정책의 성공과 실패」, 『세계지역연구논총』 제25권 제3호, 2007.

노명식, 『프랑스 혁명에서 파리 코뮌까지, 1789~1871』, 책과함께, 2011.

맑스(K.), 「『프랑스에서의 내전』 첫 번째 초고」, 안효상 옮김, 김세균 감수, 『칼 맑스/프리드리히 엥겔스 저작 선집』 제4권, 박종철출판사, 1995.

______, 「프랑스에서의 내전: 국제 노동자 협회 총평의회의 담화문」, 이수흔 옮김, 김세균 감수, 『칼 맑스/프리드리히 엥겔스 저작 선집』 제4권, 박종철출판사, 1995.

문지영, 「'동화주의'와 '다문화주의' 사이에서: 프랑스 이민자 통합정책」, 『다문화 사회연구』 제2권 제1호, 2009.

박선희, 「프랑스 안의 무슬림: 공화주의와 문화갈등」, 『국제관계연구』 제20권 제1호, 고려대학교 일민국제관계연구원, 2015.

비롤리(M.), 『공화주의』, 김경희·김동규 옮김, 인간사랑, 2006.

서용순, 「바디우의 '코뮌주의 이념'에 대한 소고」, 『마르크스주의 연구』 제11권 제1호, 2014.

손은하, 「다문화 사회에서 이주민의 타자화: 재현된 영상물을 중심으로」, 『다문화와 평화』 제7권 제1호, 2013.

이산호, 「프랑스의 문화다양성과 사회통합정책」, 『다문화콘텐츠연구』 창간호, 중앙대학교 문화컨텐츠기술연구원, 2008.
이용재·박단 외, 『프랑스의 열정: 공화국과 공화주의』, 아카넷, 2011.
조승래, 『공화국을 위하여』, 길, 2010.
최일성, 「프랑스 공화주의의 계보와 다문화주의: 동이(同異)의 정치학」, 한국정치사상학회 월례학술회의 발표문, 2013년 6월.
Alistair, H., *The Fall of Paris: The Siege and the Commune 1870-71*, London: Penguin Books, 2007.
Dickinson, G. L., *Revolution and Reaction in Modern France*, London: George Allen & Bell Yard, 2013.
Elton, G., *The Revolutionary Idea in France, 1789~1871*, New York: Howard Fertig Publisher, 1969.
Eric, C., *Politics and Society in Contemporary France, 1789~1871*, London: Harrap, 1972.

# 6

# 르네 지라르와 〈디스트릭트 9〉

## - 모방 욕망, 폭력, 인종갈등

박성준

**영화 〈디스트릭트 9〉 포스터**
개요 : SF, 액션, 스릴러, 드라마,　미국, 남아프리카공화국
감독 : 닐 블로캠프
출연 : 샬토 코플리(비커스 메르바), 바네사 헤이우드(타냐 메르바)

"박해를 당한 사람들은 언제나 유사한 방식으로 위기를 겪고 있으며, 그 위기는 거대한 집단적 박해를 낳고 있다. 이때 나타나는 가장 뚜렷한 특징은 당연히, 사회적인 것의 근본적 소멸과 문화적 질서를 규정하는 '차이들'과 규칙의 소멸이다."

- 르네 지라르, 『희생양』

**남아공이라는 지역적 맥락 속에 위치한 SF 영화**

닐 블로캠프 감독은 2005년 그의 6분짜리 단편 영화 〈얼라이브 인 요하네스버그〉를 통해 피터 잭슨의 눈에 띄게 되었다. 〈얼라이브 인 요하네스버그〉는 닐 블로캠프 감독의 고향인 요하네스버그에 불시착한 외계인을 다룬 모큐멘터리[1] 형식의 영화이다. 그리고 피터 잭슨의 제작을 통해 〈얼라이브 인 요하네스버그〉가 확장되어 만들어진 영화가 2009년 개봉한 〈디스트릭트 9〉이다. 〈디스트릭트 9〉은 SF 영화 장르로 블로캠프가 본 남아공의 모습을 담기에 적절한 영화 장르였다. SF 영화의 문법은 상업적 성공과 함께 남아공 현실의 인종 문제를 우회적으로 표현하기에 적절했기 때문이다.

"공상과학(science fiction) 장르는 과학(기술)적 소재와 인정받는 가장 최신 용어와 관계를 맺으며, 이에 걸맞은 공상적 이야기 구성을 통해 인간의 미래상을 그려내는 영화들을 지칭하는 개념"[2]으로서 "SF 장르의 문법은 첫째, 아직은 존재하지 않거나 혹은 영원히 존재하지 않을 것 같은 미래세계의 이야기, 둘째, 지구를 포함한 우주라는 보다 확대된 영화적 공간, 셋째, 호의적이건 적대적이건 간에 지구를 방문(또는 침입)하는 이방인/외계생명체 또는 그 반대로 어떠한 특수 목적을 가지고 우주의 외계생명체에 접근하여 갈등을 유발시키는 지구인의 모험담으로 규정"[3]된다고 할 수 있다. 그리고 이 중에서 "이방인/외계생명체와의 조우는 SF 영화의 핵심적인 부분"[4]이며, 영화 〈디스트릭트 9〉에서 또한 중점적으로 다루고 있는 SF적 요소라고 할 수 있다. 외계생명체는 인간(지구인)과는 생김새가 다르고 문화 양식, 언어가 다른 이들이며 SF영

---

1 모큐멘터리(Mockumentary)는 영화와 TV 프로그램 장르의 하나로, 허구적인 상황이 실제 상황처럼 보이게 하는 다큐멘터리 형식의 장르다.
2 Nowell-Smith, G., *The Oxford history of world cinema*, Oxford, 1995, p.319 참고.
3 배상준, 「SF 영화의 다문화(주의)적 시선 〈디스트릭트 9〉(닐 블로캠프, 2009)」, 『영화연구』 제59호, 2014, 190~191쪽.
4 *Ibid.,* 191쪽 참조.

화에서는 주로 우연적인 조우를 통해 지구인과 갈등을 일으키는데, 여기서 외계생명체라는 허구적인 요소를 배제하면 우리가 지구촌 곳곳에서 목도하고 있는 타문화·타인종과의 갈등과 다르지 않음을 알 수 있다. 결국 SF영화에서도 타인종간의 갈등을 어떻게 해결할 것인가에 대한 물음을 던지고 있다고 볼 수 있다.

영화 〈디스트릭트 9〉은 타인종간의 조우와 갈등을 허구적 배경 속에 등장시키는 것이 아니라 지역적 맥락 속에 위치시킨다. 〈디스트릭트 9〉은 영화 제목이자 불시착한 외계인들이 격리되어 있는 지역을 뜻한다. '디스트릭트 9'의 숫자를 거꾸로 뒤집으면 '디스트릭트 6'이 된다. 디스트릭트 6는 케이프타운에 위치한 백인 전용 거주지를 의미하는데, 그 배경에는 아파르트헤이트라는 1960년부터 자행되었던 극단적인 인종차별정책이 있다. 아파르트헤이트는 소수의 네덜란드계 백인들이 다수의 비(非)백인들을 정치·경제적 그리고 사회·문화적으로 차별했던 제도이다. 이 시기에는 백인·혼혈인·흑인·인도인·아시아인 등이 각각 지역적으로 분리되어 거주해야만 했으며, 심지어 '부도덕 방지법(immorality act)'이 도입되어 인종 간의 결혼마저 금지되었다.[5] 영화 〈디스트릭트 9〉은 남아프리카 공화국에서 일어난 인종차별정책을 SF 영화 형식을 빌려 간접적으로 표현한 것이다.

물론, 블로캠프 감독이 자신의 영화를 "정치적 영화는 아니다"[6]라고 언급한 바 있듯이, 이 영화는 상업 영화적 형식을 가지고 있고, 그래서 단순히 정치적, 사회 고발적 영화로 보아서는 안 된다. 하지만 영화 〈디스트릭트 9〉 속에는 남아공이 가지고 있는 사회 문제, 타자 문제, 인종 문제에 대한 블로캠프 감독의 시선이 담겨 있다. 이것은 남아프리카 태생인 블로캠프 감독이 어린 시절 직간접적으로 경험한 아파르트헤이트 정책 그리고 성장 과정에서 겪었던 역사적, 사회적 배경이 고스란히 녹아 있는 것이다. 〈디스트릭트 9〉의 제목에서 찾아볼 수 있는 인종차별정

5 *Ibid.,* 186쪽.
6 *Ibid.,* 187쪽.

흑인들이 도시를 불태우고 프론들을 공격하는 장면

책 아파르트헤이트 정책뿐 아니라 현재 탈아파르트헤이트 시대의 모습 또한 반영하고 있다.

흑인운동가 넬슨 만델라(Nelson Mandela)가 대통령에 선출되면서 탈아파르트헤이트 시기를 선언되었고, 유색인들의 피해를 위한 진상조사 및 과거사 바로잡기 정책이 펼쳐졌다. 그리고 이 작업은 지금까지도 지속되고 있는데, 아직까지 인구의 10%에 해당하는 백인과 소수의 신흥 흑인 부유층에 국가의 거의 모든 부가 편중되어 있다. 인종차별주의의 폐해는 아직도 계속되고 있으며 영화 〈디스트릭트 9〉 속에서 이를 여실히 보여주고 있다. 영화 〈디스트릭트 9〉에서 유색인종들은 대부분 아파르트헤이트 정책에 의해 만들어진 게토에서 살고 있으며, 외계인 프론의 공격을 가장 많이 받는 이들도 흑인들이다. 그리고 뉴스에서 프론과 과격한 폭력 시위를 하는 이들 또한 흑인들이다. 그에 반해 백인들은 대부분 전문가로 출연하거나 기업의 사장이나 높은 직책 혹은 전문직에 근무하는 인물들로 등장한다. 주인공 '비커스'뿐만 아니라 주인공의 적대자로서 등장하는 용병 대장 '쿠버스' 또한 백인이다. 중심 플롯에 영향을 끼치는 흑인은 없으며, 그나마 비커스의 사건을 폭로하는 비커스의 조수 펀디스웨가 유일하다.

우리는 이와 같은 〈디스트릭트 9〉 속에 나타나는 인종 문제를 르네 지라르(René Girard)의 모방과 차이 소멸로 인해 나타나는 폭력의 메커니즘을 중심으로 살펴볼 것이다. 지라르의 이론은 욕망 이론이 중심에 있다고 할 수 있기 때문에 이를 통해 타자의 문제, 인종의 문제를 거론한다는 것이 다소 무리한 적용일 수 있다는 것을 모르는 바는 아니다. 하지만 그의 욕망 이론이 매개자라는 타자를 통해 나타나고, 그 타자와의 관계 속에서 어떻게 폭력이 일어나고, 사회는 이 폭력을 어떻게 다루는지를 논의하고 있는 만큼 우리의 시도가 이론의 확장 측면에서 충분히 인종의 문제를 연구대상으로 삼을 수 있다고 본다.

## 르네 지라르의 모방 이론과 차이 소멸

지라르는 『낭만적 거짓과 소설적 진실』에서 욕망 이론을 바탕으로 문학비평을 시작하여, 『폭력과 성스러움』에서 인간 사회에서의 '본질적 폭력'의 역할을 밝히기 위해 문화인류학에도 관심을 가지기 시작해 『희생양』을 통해 자신의 '희생양 메커니즘'을 공고히 해나간 문학 및 문화 연구가이다. 그는 인간 문화가 모방적 갈등과 대리적인 희생양 메커니즘이라는 두 원리에 의해 발전되어 왔다고 보았다.[7]

우리가 지라르의 이론을 이해하기 위해서는 먼저 그의 욕망(désir)에 대한 정의를 살펴보아야 할 것이다. 그에 따르면 욕망은 결코 자연발생적이지 않으며, 주체와 대상간의 1:1 관계를 이루는 것이 아니다. 우리는 보통 욕망을 어떤 한 대상에 대한 어느 주체의 관계로 기술하고, 그렇기 때문에 욕망의 근원을 욕망 주체의 내면에서 찾으려고 한다. 하지만 지라르는 '내'가 '욕망하는 대상'을 욕망하게 만드는 제3자가 존재하며, 그렇기 때문에 욕망은 항상 제3자와의 '관계'로 본다.[8] 욕망하는 것은 욕망

7 이종원, 「희생양 메커니즘과 폭력의 윤리적 문제 - 르네 지라르의 모방이론과 희생양 메커니즘을 중심으로」, 『철학탐구』 제40호, 2015, 276쪽.

8 *Ibid.*, 34쪽.

대상을 보았기 때문에 자연발생적으로 일어나는 것이 아니라 욕망하게 지시하는 '매개자(médiateur)'가 있다는 것이다. 즉 인간 욕망의 본질은 제3자를 거치는 '매개작용(médation)'이며, 주체와 매개자 그리고 목표(욕망의 대상)으로 이루어진 '삼각형의 욕망'[9]이다.

이러한 삼각형의 도식은 모방적 속성으로 이루어지는데, 주체는 매개자를 모방함으로써 욕망하며, 주체가 욕망하는 것은 매개자와 동일하게 되기 위해 매개자가 가지고 있는 속성=목표를 욕망하게 되는 것이다.

> 모방 욕망은 우리가 동물적인 상태에서 벗어날 수 있게 해준다. 이것은 우리 안에 있는 최선과 최악의 것에 대한 원인이다. 인간을 동물보다 상위의 존재로 만드는 동시에 동물 이하의 존재로 만드는 것이 바로 모방 욕망이라는 말이다. 인간의 끝없는 불화는 인간의 자유에 대한 대가라 할 수 있다.[10]

지라르는 이러한 모방의 경향을 인간 욕망의 가장 본질적인 성격으로 규정하며 나아가 욕망의 모방적 속성을 인류의 역사와 문화 전체의 근간으로 제시한다.[11] 인간 욕망은 결코 무(無)에서 나온 것이 아니며 인간의 사회적·문화적 체계를 형성하고 교육하는 과정 전체가 모방에 의해 이루어진다. 그리고 그로 인해 인간은 동물적 상태에서 벗어나 인간이 문화에 참여하고 환경에 적응할 수 있게 해준다고 말한다. 즉 지라르에게 욕망은 인간이 문화를 만들고 인간다울 수 있게 만드는 인간의 속성이었다. 그 이면에는 욕망이 단순히 구체적인 대상을 추구하는 것이 아니라 형이상학적 욕망이 감추어져있기 때문이다. 매개자가 가지고 있는 구체적인 대상을 욕망함으로써 우리는 매개자와 가까워지고 그로 인해

---

9 르네 지라르, 『낭만적 거짓과 소설적 진실』, 김치수·송의경 옮김, 한길사, 2002, 41쪽.

10 Girard, R., *Je vois Satan tomber comme l'éclair*, Grasset & Fasquelle, 1999, p.36.

11 김모세, *op. cit.*, 37쪽 참조.

좀 더 가치 있는 인간이 될 수 있다는 믿음이 깔려 있다는 것이다.

문제는 이러한 모방 욕망의 메커니즘 속에서 갈등과 폭력이 발생한다는 점이다. 모방하려는 주체를 지라르는 추종자라고 표현하는데, 이 추종자와 매개자의 거리에 따라 욕망의 강도가 결정되며 또한 갈등과 폭력으로 이어지게 하는 요소로서 작용한다. 지라르는 추종자와 매개자의 사이가 정신적으로 극복할 수 없을 정도로 멀리 떨어져 있는 경우를 '외적 매개(médiation externe)'라 칭하며, 외적 매개의 경우 매개자가 추종자의 세계 밖에 위치하여 어떠한 접촉도 있을 수 없기에 욕망된 대상과 관련해 갈등이 생겨날 위험이 없다. 그리고 이 경우 추종자는 자신이 누군가를 모방하고 있다는 사실을 의식하기도 하며 매개자를 자신보다 우월하다고 인정하고, 그 사실을 자랑스럽게 여기기도 한다. 그 예로 기독교 신자가 그리스도를 인정하고 모방하려는 모습 자체가 가치 있는 것으로 받아들여지는 경우다.

추종자가 매개자 사이의 거리가 정신적으로 가깝다고 느끼는 '내적 매개(médiation interne)'는 거의 모든 면에서 외적 매개의 도식과 다른 양상을 보인다. 주체와 매개자 사이의 경쟁과 갈등이 발생하고, 결과적으로 하나의 집단 전체를 위협할 수 있는 폭력이 문제가 되는 것이 내적 매개인데, 외적 매개와 달리 내적 매개의 경우 모방 욕망이 가진 특성들이 거의 모든 면에서 극단으로 치닫게 되며, 특히 부정적인 요소들이 부각된다.[12] 내적 매개의 경우 추종자는 매개자의 위상을 자신의 것으로 만들고자 하며, 자신도 그와 같이 될 수 있다고 확신하기 때문이다. 추종자는 내적 매개 관계의 매개자를 더 이상 무조건적인 존경의 대상으로 생각하지 않으며, 같은 대상을 사이에 둔 경쟁자로 치부한다. 그렇기 때문에 추종자는 외적 매개의 경우와 달리 내적 매개의 경우에서는 추종자가 자신의 모방 욕망을 드러내지 않으려고 한다. 추종자에게 내적 매개자를 모방하는 것은 더 이상 자랑스러운 것이 아니기 때문이다. 또

12 *Ibid.,* 63쪽 참조.

한 내적 매개자 역시 추종자가 자신에게 더 이상 다가오지 못하도록 금지하는 장치를 마련하고자 하며, 추종자의 욕망이 확실할수록 매개자의 경계심과 적대감도 더욱 커진다. 그리고 그 중에서도 추종자와 매개자 사이의 거리가 너무나 가까워 거의 구분이 안 되는 매개자를 지라르는 '분신' 혹은 '짝패(double)'라 부르는데, 이 짝패 사이에서 일어나는 상호모방이 바로 경쟁이다.[13] 그리고 "경쟁관계가 뜨거워지면 욕망의 대상은 사라지고, 이때 두 경쟁자를 사로잡고 있는 유일한 목표는 대상을 획득하는 것이 아니라 곧 상대방을 이기는 것으로 바뀌고,"[14] 이렇게 되면 "대상물은 별 의미도 없어지면서 그 갈등을 격화시키는 단순한 핑계거리가 되고 만다"[15]고 지라르는 말한다. 더 이상 무엇을 모방하고 무엇을 욕망하는지는 중요하지 않게 되는 것이다.

닮았기 때문에 경쟁을 하고, 경쟁하기에 갈등과 폭력을 낳는다. 지라르가 문명과 문명 간의 갈등, 인종과의 갈등, 개인의 갈등 모두 차이에서 오는 것이 아니라 차이 소멸에서 온다고 말한 이유가 여기에 있다. 지라르는 차이 소멸의 예로 세계화를 거론한다. 세계화를 앞세운 서구자본주의 이데올로기는 여러 국가들의 차이를 소멸시킨다. 우리가 현대에 겪고 있는 테러라는 폭력의 형태도 이와 같은 차이 소멸 때문이다. "이슬람 세력에게 미국은 닮고 싶은 모델이자 짝패이다."[16] 이외에도 우리는 남아공의 제노포비아 사태를 찾아볼 수 있다. 남아공은 아파르트헤이트 시절 도움을 주었던 형제의 나라에 무차별 폭력을 행사하여 남아공 인접국과 외교 불화를 겪고 있다. 남아공 대통령은 "우리가 제노포비아 문제를 가지는 만큼 '형제 나라들'도 이것에 한 원인이 됐다."[17]고 말

---

13 김진식, 「르네 지라르의 모방이론 - 욕망, 모방, 경쟁 그리고 자아」, 『문학과 사회』 제29권 1호, 2016, 393쪽.

14 르네 지라르, 『문화의 기원』, 김진식 옮김, 기파랑, 2006, 67쪽.

15 *Ibid.,* 67쪽.

16 김진식, *op. cit.*, 400쪽: "9·11과 관련해서 가장 의미심장한 것은 그 모든 게 다 미국에서 베껴간 것이라는 것입니다. 테러리스트마저 미국화 되어 있습니다." - 르네 지라르, 『Le point』 紙에서.

17 류일형, 「제노포비아로 남아공 - 나이지리아 갈등 조짐」, 『연합뉴스』,

하며, "왜 그 나라 국민들이 자신의 나라에 살지 않는가?"[18]라고 반문한다. 남아공에서는 인접국 때문에 그들의 취업률이 낮아졌기 때문에 남아공에 제노포비아가 생겼다고 주장한다. 이러한 사태는, 지라르의 주장을 따르면, 그 이면에 나이지리아의 GDP가 남아공의 GDP를 추월하면서 양국 관계는 경쟁관계로 바뀌었고, 또한 나이지리아 국민들이 남아공에 살아가면서 그들의 삶에 차이가 소멸된 것이라 할 수 있다. 문제는 "차이들이 드러나면 이것들은 거의 언제나 경쟁관계의 원인으로, 즉 경쟁의 대상으로 간주"[19]된다는 점이다.

### 르네 지라르의 관점에서 본 〈디스트릭트 9〉 속 모방과 폭력

르네 지라르에 따르면 상호모방관계 속에서 군중들은 폭동의 원인이 어디에 있는지 파악하지 못한다. 영화 〈디스트릭트 9〉에서도 마찬가지다. 영화에 첫 장면은 프론들이 도시를 헤집고 다니고 강도짓을 일삼는다고 보도하며, 그에 대한 반발로 시민들이 프론들을 잡아 죽이는 것을 보여준다. 하지만 뉴스 속에서 인터뷰를 하는 사람들 중 그 누구도 프론의 행동을 이해하지 못하고, 전문가라고 나오는 이조차 재미 때문에 그러는지 알 수 없다고 말한다. 그들은 그저 "자신들의 사회를 전복시키는 폭도라고 믿고 있는 사회의 오염원들을 그 사회에서 내쫓아버리기"[20]만을 바랄 뿐이다.

프론의 이주는 남아공 사람들이 사회를 전복시키는 폭도로 보기 때문만은 아니다. 그 속에는 프론의 힘을 강탈하고자 하는 욕망이 숨어있다. 지구인들에게 프론들은 "벌레와 다를 바가 없다", 혹은 "거지와 다를 바 없다"고 폄하되지만 프론들이 지구인들보다 더 강력한 기술력을 가

---

2015.04.28.

18 *Ibid.*

19 르네 지라르, 『나는 사탄이 번개처럼 떨어지는 것을 본다』, 김진식 옮김, 문학과지성사, 2005, 78쪽.

20 르네 지라르, 『희생양』, 김진석 옮김, 민음사, 2007, 31쪽.

나이지리아인들이 무티 의식을 행하는 모습

지고 있다는 것 또한 인지하고 있다. 지구인들은 인정하지 않지만 프론에 대한 모방 욕구를 느끼고 있으며, 영화에서는 '무티'라는 주술적 의식을 통해 이는 잘 표현되고 있다.

'무티'는 남아공에 널리 퍼져 있는 민속 신앙으로 사람의 특정한 신체 부분을 먹으면 그에 상응하는 효과가 있다는 믿음체계다. 나이지리아 갱단들은 위의 장면에서 볼 수 있듯이 주술사에 의해 신체를 잘라내어 프론을 먹음으로써 자신들이 프론의 힘을 얻을 수 있을 것이라고 생각한다. 이뿐만이 아니라 MNU에서는 비밀리에 프론을 잡아다 생체 실험을 하는데, 이 또한 프론의 힘을 얻기 위한 노력이라고 할 수 있다. 프론들의 이주 계획은 이중적인 원인에 의해서 벌어지는데, 먼저 앞서 말한 바와 같이 프론들의 힘을 얻기 위해 좀 더 안전한 실험실이 필요하고, 또 실험을 하기 위한 무기와 시체를 얻기 위해서였다. 이것은 추종자로서 매개자를 모방하고 그 지위를 찬탈하기 위해서이다. 이와 반대로 그들을 그들의 사회 반경에서 '격리'시키고자 하는 이유인데, 이것은 그들이 매개자로서 추종자에게 모방당하지 않기 위함이며, 차이 소멸을 경계하기 위해서다.

인간들은 상호모방관계에 있는 프론들을 인정할 수 없다. 프론들은 28년간 지구에 살며 인간의 언어를 익혔지만 그들과 올바른 소통을 하려는 인간은 없다. 그들의 필요에 의해 대화를 하기도 하지만 프론들과 대화하는 인간들의 태도는 그저 알아들을 수 없는 '옹알이' 수준에 그친다. 인간들은 프론들이 자신들을 모방하여 인간의 말을 할 수 있음을, 그리고 인간들과 소통할 수 있음을 인정하려 하지 않는다. 이러한 태도는 그들이 퇴거 서명을 받으러 다닐 때도 여실히 드러난다. 인간들은 국제조약에 따라 24시간의 퇴거 시한을 주어야 한다고 말하며 서명을 받으러 다니지만 그것은 표면상에 합법일 뿐이다. 그들은 서명을 받아야 한다는 자신들의 룰에만 충실할 뿐 그 방법이 어찌되든 상관이 없다. 국제법상에 의거해 서명을 받으러 다니는 행위는 프론을 법규상으로 인정하는 것이 아니라 그 자신들의 법을 지키기 위해서 필요할 뿐이다.

〈디스트릭트 9〉에서 이와 관련된 장면이 자주 등장하는데, 바로 퇴거 요청서에 대고 자신이 집이 아니라고 말하는 프론에게 비커스는 고양이 먹이를 줄 테니 빨리 서명하라고 말한다거나 크리스토퍼(프론)가 협박으로 퇴거 조치를 하는 것은 불법이라는 말에 아이를 위험한 곳에 키우는 것은 불법이니 서명하지 않으면 데려가겠다고 협박하는 장면들을 들 수 있다. 예를 들어 비커스가 크리스토퍼에게 퇴거 통지서에 서명을 받기 위해 협박하는 장면이다. 비커스는 프론들이 인간의 법에 대해 무지한 것을 이용하여, 아무런 설명 없이 퇴거 절차를 밟아 나가려 한다. 하지만 크리스토퍼는 비커스의 예상과 달리 인간의 법에 무지하지 않았으며 불법이라 외치며 퇴거 통지서의 서명을 거부한다. 그러자 비커스는 '아동보호법'을 들먹이면서 아이를 빼앗기든지 아니면 퇴거 통지서에 사인을 하든지 선택하라고 크리스토퍼에게 협박한다. 이 장면을 통해 우리는 인간들이 프론들에게 법적 보호 아래에서 퇴거하기 위해 퇴거 통지서에 서명을 받으러 다니는 것은 단지 인간들만의 절차를 준수하기 위함이며, 실제로 인간과 프론들 사이의 법적 절차의 문제는 그리 큰 요소로 작용하지 않는다는 점을 알 수 있다. 또한 이 장면은 인간과 외계인의 관계를 보여주는 것에서 그치는 것이 아니라 제국주의 시절 백인들이 아프리카인들에게 자행해왔고 지금까지 남아 있는 문서들의 실상을 투영하여 보여주는 것이다.

비커스가 병원에서 탈출할 때 뉴스에서는 비커스가 프론과의 성교로 바이러스에 감염된 것으로 나온다. 사람들은 비커스가 어떤 병에 감염되었는가도 중요하지만 그보다는 그가 프론과 성교를 했다는 것에 관심을 가지고 있으며, 비커스는 자신이 성교하지 않았음에 대해서 열변한다. 집단 외의 존재와 성교하는 것은 혼종을 의미하며, 집단에서 그 무엇보다도 배덕한 일로 치부된다. 이러한 성격은 영화 외적으로도 찾아볼 수 있는데, 바로 과거 남아공에 인종차별정책으로 '부도덕 방지법'이 있었음을 상기해볼 필요가 있다. 부도덕 방지법은 앞서 이야기한 것처럼 타인종과의 혼인을 막는 것인데, 타인종과의 결혼은 타인종과의 성교를 의미하며 그것은 혼종을 뜻한다. 우리나라에서도 여전히 국제결혼에 대한 기피가 있고 혼혈에 대한 터부가 있다. 이것은 단순히 특정 지역에 국한된 것이 아니며 각 민족, 각 집단 모두 혼종을 부덕한 것으로 치부한다. 혼종은 타집단과의 차이 소멸을 말하며, 차이 소멸은 집단 내에서 그 무엇보다도 기피해야할 대상이기 때문이다.

지라르의 이론 체계의 전반부 핵심 키워드가 '모방 욕망'과 '경쟁'이라면, 그 후반부는 '희생양'이라고 할 수 있다. 한 문화 공동체에 있어서 그 존립을 이어나가기 위해서는 모방 경쟁에서 비롯된 차이 소멸과 그것의 전염 그리고 집단 전체의 위기로 이어지는 폭력의 메커니즘을 예방하는데 있다.[21] 그리고 희생은 사회적으로 폭력 메커니즘을 예방하기 위한 한 방편으로서 폭력을 일정한 방향으로 배출시키는 일종의 "대체 폭력(violence de rechange)"[22]이다. 여기서 폭력의 이중적 기능이 드러난다. 인간의 근본적 속성인 모방 욕망에 의해 필연적으로 귀결되는 폭력과 그 근본 조건을 극복하기 위한 희생의 폭력이다. 전자의 폭력은 공동체를 분열시키지만 후자의 폭력은 공동체를 화해시키는 역할을 가지고 있다.

---

21 김모세, *op. cit.*, 127쪽.
22 *Ibid.,* 181쪽.

희생양이란 유대 민족의 속죄 의식 때 사용된 제의적 희생물을 말하는데, 이는 공동체를 이루고 있는 구성원들 사이의 관계를 악화시킬 수 있는 모든 것을 짐승에게 떠넘기는 것을 상징한다.[23] 지라르에 따르면 '희생제의'는 모방 갈등으로 인해 축적된 폭력의 씨앗에 의해 집단의 위기를 가져올 때, 그 폭력의 씨앗을 특정 희생양으로 대체함으로써 집단의 위기를 정화하는 것이다. 그렇기 때문에 희생양은 사회 구성원 전체에 의해 전체를 대체하고 전체에게 바쳐지고, 희생제의는 공동체 전체를 상호적 폭력에서 보호한다. 희생양 메커니즘은 위기에 처한 공동체를 구원하고, 폭력의 악순환을 중단시키는 효과적인 도구로 인식되었다. 하지만 진정한 순수한, 혹은 의로운 폭력은 없으며, "폭력을 억제하는 방법들은 모두 폭력과 무관하지 않다는 점에서 서로 유사하다."[24]

희생양은 연고자가 거의 없는 자나 이방인처럼 공동체에 뿌리가 희박한 이거나 전쟁포로, 노예, 파르마코스(pharmakos)[25]처럼 사회에서 배제되었거나 그 속에 거의 속하지 못하는 사람들이 주로 선택되었다.[26] 희생양은 언제나 폭력을 당하더라도 보복이나 복수할 능력이 없는 자들이었다.[27] 그들은 구별되고 배제된 자들이었으며 사회에서 가장 약한 계층의 사람들이었다. 우리는 이 희생양 메커니즘을 인종 차별 문제로 확장해 볼 수 있다. 희생양 메커니즘은 동일 구성원들 사이에서의 갈등을 해결하기 위해 하나의 개인을 희생하지만 여러 인종간의 갈등을 해소하기 위한 폭력으로 하나의 인종을 희생양으로 삼을 수 있다. 여러 인종이 모인 집단에서 인종을 하나의 개체로 보았을 때, 집단 내의 가장 최약체의 인종은 그 집단의 희생양이 되는 것이다. 그것은 인종간의 상

---

23 *Ibid.*, 184쪽.
24 르네 지라르, *op. cit.*, 2003, 40쪽.
25 그리스어로 속죄양을 의미하는 파르마코스는 고대 그리스 폴리스에 일어나는 외세 침입, 전염병, 내부 불안과 같은 폴리스의 위기 때 저항의 원흉으로 몰아 처형당하는 이들을 의미한다.
26 르네 지라르, *op. cit.*, 2003, 213쪽.
27 이종원, *op. cit.*, 273쪽 참조.

호 모방 욕망 속에서 나타나는 갈등을 해결하기 위한 폭력 메커니즘이며, 〈디스트릭트 9〉에서는 프론, 남아공의 아파르트헤이트 시절에는 영국계 백인과 네덜란드계 백인, 아프리카너들 사이에서 흑인들이 희생양으로 삼아진 것이다.

〈디스트릭트 9〉의 프론들은 아무런 권리도 없는 이들이며, 군중들로부터 비난을 받는 희생양들이다. 그렇기에 그들은 사회 내에서 갈등과 폭력을 야기하는 존재로 낙인찍히며, 사회에서 격리되어야 할 존재들이다. 영화 속에서는 법률적인 문제를 들어 프론들의 서명을 받으러 다니는데 그것은 희생양 메커니즘의 폭력적 속성을 숨기고, 박해자들의 만장일치를 이끌어내기 위한 것이다. 희생양 메커니즘은 서로 간의 갈등과 적개심을 희생양에게 집중하며 만장일치의 폭력을 드러낸다. 이 만장일치의 폭력은 박해하는 자들의 동의뿐만이 아니라 희생양에게 또한 동의를 구한다. 그것은 지속적으로 희생양 메커니즘을 작동시키기 위한 방편이다. 희생제의를 행하는 집단은 자신들이 행하는 폭력을 폭력이 아닌 것으로 속여야 한다. 그래서 나온 것이 바로 자신들이 행사하는 폭력은 이로운 것이며, 희생제의는 성스럽다고 여기게 하는 것이다.[28]

〈디스트릭트 9〉 속에서 희생양은 프론 말고도 또 다른 희생양이 있다. 바로 비커스다. 비커스는 박해자였지만 오염을 통하여 프론과 혼종됨으로 인해 희생양으로 전락한다. 차이를 소멸 시키는 혼종은 집단에서 그 무엇보다도 우선시하여 배제해야할 대상이다. 비커스는 인간들이 욕망하는 프론의 힘을 가지고 있는 자이자 인간과 프론의 차이를 소멸시키는 배제해야할 자이다. 그렇기 때문에 비커스가 실험실에서 탈출했을 때 가장 먼저 하는 것이 바로 뉴스 보도이다. 그 뉴스는 비커스가 프론과 성교를 했으며, 성교를 통해 바이러스에 감염되어 인간들에게 까지 감염시킬 수 있다고 오보한다. 이는 바로 지라르가 말하는 비난의 메커니즘과 유사하며, 그 비난의 보도는 박해자들의 만장일치를 이끌어

28 *Ibid.*, 291쪽.

내기 위한 것이다. 비커스를 향한 인간들의 비난과 박해로 갈 곳을 잃은 비커스가 갈 수 있는 곳은 또 다른 희생양이 격리되어 있는 '디스트릭트 9'일 뿐이었다.

영화는 박해자인 비커스가 박해 받은 희생양이 됨으로 인해서 또 다른 희생양이 프론과 동지가 되는 것을 그리고 있다. 그들은 자신의 목적, 크리스토퍼 존스는 고향으로 돌아가고 비커스는 다시 인간이 되기 위해 의기투합하여 계획을 실행한다. 그리고 절반의 성공을 거두며 나중을 기약하는 장면과 함께 끝을 맺는데, 우리가 주목해야할 부분은 바로 결말부분에 등장하는 남아공 사람들이다.

희생양은 희생 전에는 죄와 연관되어 희생당하지만, 희생 이후에는 성스러움의 옷을 입게 된다.[29] 집단적 폭력이 희생양으로 전이되고 그로 인해 위험에 처했던 공동체에 평화가 찾아온다면 희생양은 성스러운 존재로 추앙받게 되는 것이다. 이것은 앞부분에서 말한 희생양 메커니즘을 지속적으로 집단에서 사용하기 위한 방편이며, 폭력을 감추기 위한 수단이다. 그리고 이러한 '추앙'은 영화 〈디스트릭트 9〉 속에서도 나타난다. 비커스가 프론이 되어 인간 사회 속에서 사라지고, 비커스가 겪은 사건의 전모는 그의 조수 펀디스웨에 의해 폭로된다. 그는 몇몇에 의해 배반자라 불리기도 하지만 자신의 오명을 벗고 박해받은 자로서 사람들 사이에 회자된다. 비커스가 인간 세계에서 죽었기 때문에 그는 자신의 오명을 벗을 수 있었다. 그것은 단순히 펀디스웨의 폭로에 의한 것이 아니라 사회가 비커스의 죽음을 용인하였기 때문에 얻은 성스러운 겉옷인 것이다. 즉 그는 그의 어머니가 말하듯 그가 사라졌기 때문에 "비커스의 이름은 영원히 기억"될 것이며, "그 사건의 주인공"이 될 수 있었던 것이다.

사회의 약자를 희생양으로 삼아 집단의 위기를 모면하려는 희생양 메커니즘은 사회의 용인이 있었다 뿐이지 사적인 폭력과 다르지 않다.

---

29 *Ibid.*, 290쪽.

사회 내에 발생하는 사적인 폭력을 사회에서 용인하는 희생양에게 대체 폭력을 가함으로써, 사회 내에 팽배해졌던 폭력 욕구를 충족시키는 것이다. 결국 희생양 메커니즘은 폭력의 고리를 끊는 방안이 아니라 사회에서 수용할 수 있는 작은 폭력을 만듦으로써 일시적인 사회의 위기를 해결하는 미봉책인 것이다. 그렇기 때문에 희생제의가 일어난 이후에도 집단 내에는 폭력에 위기가 남아 있으며, 희생제의로 인한 폭력의 정화 작업은 일시적이라는 것이다. 희생양 메커니즘이라는 폭력의 해결책을 사용한 집단은 계속적으로 희생양 메커니즘과 그 제의를 반복할 수밖에 없다.

〈디스트릭트 9〉 속에서 인간 비커스는 사회에서 사라지고, 크리스토퍼는 지구를 탈출했으며 그 외의 프론들은 이주하였다. 사람들은 사라지는 우주선을 보고 환호성을 질렀으며, 비커스는 하나의 프론이 되어 숨어 있다. 비커스 사건의 뒷얘기를 고발한 펀디스웨는 재판을 기다리고 있지만 태연자약하며, 사람들은 미래에 대해서 불안해하지만 더 이상 프론에 대한 박해를 하지 않으며 사태는 어느 정도 진정된 것으로 보인다. 비커스는 인간 사회에서 사라졌다는 사실, 그렇기 때문에 영원히 기억될 것이라는 사실을 남긴 채, 마지막으로 한 명의 프론을 보여주며 영화는 막을 내린다. 영화적으로 하나의 완결된 스토리로 보이지만 그 속에는 어떤 해결도 일어나지 않았다. 현재 사람들이 〈디스트릭트 9〉의 속편을 기다리고 있는 이유에도 영화가 완결되지 않았음을 알고 있기 때문이다. 영화 속에서 폭력은 전혀 해소되지 않았으며, 단지 일시적으로 덮어두었을 뿐이다. 집단 사이의 그리고 인종 사이의 증오는 여전하다.

## 펀디스웨의 고발을 기억하며

〈디스트릭트 9〉은 한 가닥의 희망 혹은 하나의 여지를 남겨두는데, 그것은 바로 인간 비커스가 프론 비커스에서 다시 부활하는 날이다. 〈디스트릭트 9〉의 미완된 결말은 희생양들의 귀환을 암시한다. 3년 뒤 크리스토퍼가 돌아온다면 프론은 더 이상 '복수할 수 없는 자'로서의 희생양이 아니며, 희생당한 비커스는 다시 인간 사회에 부활할 것이다. 크리스토퍼의 귀환이 또 다른 폭력을 부르지 알 수는 없으나 적어도 비커스의 부활이 복수가 아님을 우리는 영화의 마지막 장면에서 확인할 수 있다. 영화의 마지막 장면에서 비커스로 추정되는 프론이 고철로 장미를 만드는데, 그 고철로 된 장미는 바로 아내에 대한 사랑이다. 그가 원하는 것은 다시 인간이 되어 아내의 곁으로 가는 것이지 자신을 희생시킨 사회에 대한 복수가 아닌 것이다. 그리고 그가 복수가 아닌 가족의 곁으로 가는 선택을 하게끔 여지를 남겨준 것은 펀디스웨의 고발이었다.

비커스의 흑인 조수인 펀디스웨는 비커스가 희생당한 사건의 내막을 폭로함으로써 재판을 받는다. 그는 영화 첫 시작 부분에서 "이걸 보시는 분들이 교훈을 얻길 바란다"고 말한다. 펀디스웨는 영화 속 시간 속에서 폭력의 진실에 가장 근접한 존재이며, 영화 속에서 관객들이 폭력의 진실을 깨달아야하고 인정해야한다는 사실을 요청하는 이다. 그가 사건의 진실을 고발하고 재판을 겸허히 받아들일 수 있는 것에는 소수자의 고발이 사회에 기억되고 폭력의 진실 속에서 교훈으로 삼을 수 있기 때문이다. 필자가 보기에는 이러한 소수의 고발자들이 집단의 만장일치를 요구하는 희생양 메커니즘의 톱니바퀴를 정지시키는 역할을 할 수 있지 않을까 싶다. 여기서 고발이 중요한 점은 희생양 메커니즘이라는 대체 폭력에 저항하는 한 방편으로서, 대체 폭력을 행사하거나 새로운 희생양과 박해자를 만들어내는 것이 아니라 돌을 쥔 박해자들에게 되물음으로써 박해자들이 그 스스로 폭력의 고리를 끊도록 한다는 점이다. 고발자를 통해서 우리는 희생양에게 신성의 겉옷을 입히는 은폐에서 벗어

비커스로 추정되는 프론이 아내에게 선물하기 위해 고철로 장미를 접고 있다.

나 박해자들의 폭력에 대한 저항으로 고개를 돌릴 수 있는 것이다.

고발이란 범죄 사실을 신고하는 것이며, 범죄 사실을 알리는 것이다. 펀디스웨의 고발을 희생양을 박해하는 박해자들 혹은 폭력을 행하는 박해자들에게 동조하거나 방관한 제3의 가해자들, 그 자신들에게 고발하는 것이다. 죄는 우리 스스로가 지은 것이며, 우리는 피해자도, 희생양도 아닌 박해자라는 것을, 그리고 우리는 폭력 메커니즘 속에서 아무 생각 없이 돌을 던져 왔음을 우리 자신에게 고발하는 것이다. 지라르도 강조하듯 예수라는 희생양을 모방함으로써 폭력의 고리를 끊기 전에 필요한 것이 바로 이 고발 행위이다. 우리가 박해자임을, 우리 손에는 폭력이라는 돌을 쥐고 있음을 '아는 것'이다. 우리가 폭력 메커니즘 속에서 전염되어 무심코 돌을 던지고 있음을 아는 것, 무한한 증오의 고리를 잇고 있음을 아는 것이 우리가 폭력의 고리를 끊기 위한 첫 번째 걸음이 아닌가 싶다.[30]

30 이 글은 『동서철학연구』, 제81호(557~580쪽)에 실린 것으로 본 도서의 주제와 편집방향에 맞추어 일부 수정하였음.

# 참고 문헌


김모세,『르네 지라르 - 욕망, 폭력, 구원의 인류학』, 살림, 2008.

김영수,「남아공 민주주의 이행과 흑인 노동자의 계급적 분화 - 생활조건의 변화를 중심으로」,『국제지역연구』 제17집 2호, 2013.

김진식,「르네 지라르의 모방이론 - 욕망, 모방, 경쟁 그리고 자아」,『문학과 사회』 제29권 1호, 2016.

배상준,「SF 영화의 다문화(주의)적 시선 <디스트릭트 9>(닐 블로캠프, 2009)」,『영화연구』 제59권, 2014.

박재영,「<설국열차>와 르네 지라르-희생제의에 대한 담론」,『문학과영상』 제14집 4호, 2013.

서상현,「남아공의 정치 체제와 정치지형의 변화에 대한 전망」,『국제지역연구』 제11권 2호, 2007.

심창섭,「인종분리정책과 교회와의 관계 - 남아공중심으로」,『신학지남』 제63권 4호, 1996.

이남희,「치유와 정의의 기억 만들기 - 아파르트헤이트 제체의 청산과 보상」,『역사와 담론』 제44권, 2006.

이종원,「희생양 메커니즘과 폭력의 윤리적 문제 - 르네 지라르의 모방이론과 희생양 메커니즘을 중심으로」,『철학탐구』 제40권, 2015.

지라르(R.),『낭만적 거짓과 소설적 진실』, 김치수·송의경 옮김, 한길사, 2002.

______,『폭력과 성스러움』, 김진석·박무호 옮김, 민음사, 2003.

______, 『나는 사탄이 번개처럼 떨어지는 것을 본다』, 김진식 옮김, 문학과 지성사, 2005.

______, 『문화의 기원』, 김진식 옮김, 기파랑, 2006.

______, 『희생양』, 김진석 옮김, 민음사, 2007.

Nowell-Smith, G., *The Oxford history of world cinema*, Oxford, 1995.

Girard, R., *Des choses cachées depuis la fondation du monde*, Grasset & Fasquelle, 1978.

______, *La violence et Sacré*, Editions Grasset, 1979.

______, *Le Bouc émissaire*, Grasset & Fasquelle, 1982.

______, *Je vois Satan tomber comme l'éclair*, Grasset & Fasquelle, 1999.

7

# 현대 로마와 로마인의 에스닉 정체성

## - 영화 〈그레이트 뷰티〉를 중심으로

이영아

**영화 〈그레이트 뷰티〉 포스터**
개요 : 코미디, 드라마 / 프랑스, 이탈리아
감독 : 파올로 소렌티노
출연 : 토니 세르빌로(잽 젬바르델라), 사브리나 페릴리(라모나)

"… 지식을 가진 모든 전문가는 잠재적인 지식인에 해당합니다. … 그러나 한 전문가가 실제적인 지식인이 되는 것은 결코 단순한 결심으로 되는 일이 아닙니다. 그것은 전문가를 특정 짓는 긴장을 전문가 자신으로부터 떼어 드러낼 수 있었던 바로 그 전문가 개인의 역사에 의해서 좌우되는 일입니다. 요컨대 지식인으로의 변화를 성취하는 요인들의 총체는 사회질서에 속하는 것입니다."

(장 폴 사르트르, 2011: 51)

## 서론

로마는 이제 집시들의 도시가 아닌 문화, 경제적 상류층의 집거지가 되었다. 이를 가장 대표적으로 보여주는 것이 바로 2013년에 개봉한 영화 〈그레이트 뷰티(The Great Beauty, LA GRANDE BELLEZZA)〉이다. 파올로 소렌티노(Paolo Sorrentino) 감독에 의해 제작된 이 영화는 대중영화 특유의 오락성을 표방하지는 않으며, 예술적인 감각으로 담아낸 로마의 전경과 그 곳에서 상류층으로 살아가는 이들의 모습을 노골적으로 표현하며 독창성과 그 작품성을 인정받았다.[1] 로마에서 긴 시간동안 지식인으로서 여유롭고 경제적으로 윤택한 삶을 살아온 주인공 '젭 감바르델라'가 느끼게 되는 인생에 대한 회의와 회상을 담고 있는 이 영화가 말하고자 했던 것은 아마 '지식인의 자기정체성' 정립에 대한 것이 아닐까. 자신의 단 하나뿐인 소설로 이른 나이에 베스트셀러 작가가 되고, 로마 사교계와 상류층 사회에서 왕이 되고자 했던 그의 인생은 완벽한 지식인의 정체성을 갖추지 못했음을 보여주고 있다는 것이다. 영화는 주인공 젭을 '사랑했던 연인의 죽음'이라는 사건을 통해 자신의 삶을 되돌아보고, 현재의 안정적인 삶을 열정적으로 소설을 집필했던 그 때 그 시절로 다시 한 번 회귀하여 고찰하도록 한다. 여기에서, 위대한 삶(Great Life)을 살아온 그의 인생 배경이 로마인 데에는 그럴만한 이유가 있을 것이다.

영화 〈그레이트 뷰티〉에 드러난 상징적인 도시, 로마를 바라보는 작품 속 시각과 함께 그 곳에서 상류 1%의 삶을 살아가고 있는 이른바 '지식인'의 모습을 담고 있다.

이를 통해 우리는 고대 로마에 대한 이해를 바탕으로 한 로마의 상징적 의미와 영화 〈그레이트 뷰티〉의 배경이 된 현대 도시 로마는 비교 분석할 수 있다. 현대에 이르러 새로운 '로마 집단'의 형성이 가지는 상징성을 가장 큰 화두로 지식인의 삶의 배경으로서 선택된 현대 도시 로마에

1 영화 〈그레이트 뷰티〉는 제 26회 유럽영화상, 제 15회 씨네마닐라 국제영화제 등에서 수상하는 등 여러 영화제에서 후보로 노미네이트되었다.

대한 인식을 다시 한 번 재조명하고자 한다. 또한 사르트르의 존재론 관점에서 지식인이 자각하고 있는 자신의 정체성이 과연 타당한 것인지에 대한 분석을 통해 그들의 자기정체성이 올바른 방향으로 나아갈 수 있는 대안을 제시하고자 한다. 이를 영화 〈그레이트 뷰티〉가 단순한 개인의 인생에 대한 회고록에 그치는 것이 아닌 현대 로마에 대한 평가와 현대 지식인의 사상이 타당한 것인가에 대한 색다른 분석 요소가 될 수 있음을 말하고자 한다.

## 이상(理想)이 되어버린 도시, 로마(Roma)

인류 최초의 보편제국이라 불리는 로마제국이 건국 2,771년을 맞았다. 로마제국의 민족을 뜻하는 '로마(Roma)'는 1971년 제1차 세계로마니총회(World Romani Congress)에서 채택된 용어로, 집시·찌고이너·칭가리 등 부정적 혹은 경멸의 의미를 가지고 그들을 지칭하지 않도록 하기 위해 통용되고 있다.[2] 에스닉 관점에서 로마는 유럽에서 가장 거대한 소수민족을 의미하나 그들에 대한 정확한 인구 통계는 알려진 바 없다.[3] 대략적으로 유럽 내 로마인구는 2,000만 명 이상이 될 것으로 예상하고 있으며, 그들은 이탈리아 이외에도 동유럽 일대에 대다수 거주하고 있는 것으로 알려져 있다. 로마인의 가장 특별한 점은, 고대 그리스인의 시민에 대한 정의가 '혈연'관계를 기반으로 한 데 반해, 로마인은 '뜻을 같이 생각하는 자'를 의미하며 보편적 개방성을 추구한다는 것이다.[4] 이러한 문화적 차이를 기반으로 로마제국은 그들이 삶을 영위해온 역사적 유산이 남아있는 지역에서 새로운 양상으로 그들의 의지를 이어가고 있는데, 그곳이

2 김경미, 「동유럽 로마(Roma)공동체에서의 다문화주의와 페미니즘의 갈등」, 『한·독사회과학논총』 제25권 3호, 2015, 75쪽 참조.

3 *Ibid.*

4 김경준, 「로마인의 보편적 개방성 누마의 개혁에서 비롯되다」, 『시사저널』, 2015. 11. 9 참조.

바로 이탈리아의 수도 '로마(Rome)'이다.

21세기에 이르러 '로마'라는 단어는 에스닉 관점의 용어이기 보다는 이탈리아에 속한 도시의 이름으로 인식되고 있다.[5] 로마는 역사적 유산을 간직한 도시로 세계인들에게 역사·문화·예술의 중심지로 불리며 꿈의 여행지로 평가받고 있다. 미국 뉴욕 시민들이 자신을 스스로 아메리칸이 아닌 '뉴요커(New Yorker)'라 지칭하듯 현대 로마 시민들 또한 스스로를 '로마인'이라 칭하고 있는데, 그들에게서는 2,000년 이상 이어온 로마의 긍지와 역사·문화·정치적 우월성을 느낄 수 있다. 하지만 역설적으로 실제 로마에 거주하는 로마인들은 순수 로마 민족으로 이루어져 있지는 않으며, 현실 사회주의 몰락 이후 동유럽에 비해 경제적으로 풍족한 지역인 서유럽으로 이주한 유럽인들의 생활 문화권이 형성되고 있다. 이를 앞서 언급한 바와 같이, 로마인은 '뜻을 같이 생각하는 자'라는 민족적 정의로 바라본다면 현대 로마인의 탄생이라 말할 수도 있겠다.

고대 로마에서 지식인이 사회적 기득권을 확충하게 된 것은 바로 이 사건을 기반으로 한다. 노빌레스[6]로 구분되는 로마 공화정 시대의 귀족 계급은 전통과 관습을 사람들에게 알릴 책임이 있었으며, 이를 통해 사람들에게서의 인정을 갈구하였다. 그러나 그들의 책무가 유기되었을 때, 로마의 문화와 정치적 기득권은 신진 엘리트 계층에게 양도되기에 이른다. 이러한 관점에서 보았을 때 로마 문화 혁명은 지식을 가진 이들의 힘이 드러날 수 있도록 한 사건이라 정의할 수 있다. 기존의 지배체계에 종속되지 않고 자신의 지식과 가치를 지니고 스스로 상류사회에 도달할 수 있다는 것이 역사적 사실로서 증명된 것이다. 그리고 이를 상징

5 '로마'는 에스닉적 관점에서 유럽인들에 의해 가난하고 게으르다는 편견이 이어지고 있는데, 이는 유랑민족의 특성에 따라 이들이 안정적인 경제적·정치적 수준을 갖추지 못한 것에서 기인하고 있다. 이에 현재 로마 민족의 90%가 빈곤층에 속할 정도로 그들에 대한 박해는 여전히 이어지고 있다.

6 노빌레스란 로마 공화정 중기의 귀족 계층으로, 부유한 평민과 귀족, 그리고 상층 시민이 결합하여 만들어진 새로운 계급이다. 이들은 실제 정치에 참여하며 로마 공화정 시대를 이끌어갔다.

으로 현대 '로마'는 자유와 예술의 도시로 인식되고 있다.

이러한 역사적 인식이 그대로 이어져오며, 수많은 문학가와 예술가들이 로마로 모여들기에 이른다. 사회주의의 몰락과 함께 자유와 성공을 상징하는 공간인 로마는 경제적으로 윤택한 삶을 꿈꾸는 상류계층의 근거지로 발돋움하게 된 것이다. 이 곳에 모여는 지식인들은 풍족한 경제력을 기반으로 한 사회를 만들고, 상호관계를 형성하며 현대 로마인의 모습을 갖추어가고 있다. 즉, 그들만의 가치관과 생활양식이 영위되고 있는 것이다.

그런데 매우 역설적으로, 〈그레이트 뷰티〉에서 주류를 이루는 상류문화와 이를 만끽하는 이들 중 에스닉적 관점에서 설명할 수 있는 '고대 Roman'은 찾아볼 수가 없다. 유럽에 만연하게 퍼져있는 그들에 대한 의식은 '반로마감정'[7]이 벌어질 만큼 매우 부정적이다. 게다가 EU의 '로마포용 10개년'[8]에도 불구하고 고대 Roman은 유럽 곳곳에서 여전히 빈곤층으로 살아가고 있으며 현대 관점에서의 '지식인' 반열에 오르지 못하고 있는 실정이다. 하지만 현대 Roman은 그들의 역사적 산물을 위대하게 평가하고, 그들이 이룩한 터전에서 삶을 영위하고 있다. 매우 흥미로운 사실이 아닐 수 없다. 그들의 정신적 고향인 '로마'는 이제 그들의 삶의 터전이 아니며, 현대 지식인들에게 도시의 주도권을 모두 내어주었을 뿐이다.

하지만 이러한 주도권 양도는 고대 Roman의 동의에 의한 것이 아니며 오히려 정치·사회적 이권 다툼에서 밀려난 것에 지나지 않는다. 현대 로마의 삶의 양식은 고대 로마의 문화적 가치를 기반으로 하고 있으나,

---

7 동유럽 국가들의 EU 가입과 함께 로마가 유럽 곳곳에 유입되자 '집시의 침략'이라는 선동적 용어가 확산된 역사적 사실이 이를 증언하고 있다. 김경미, *op. cit.* 179쪽 참조.

8 OSI(Open Society Institute), 세계은행(WB), 유엔개발계획(UNDP)이 함께 로마를 포용하고자 하는 정책으로 '로마포용 10개년(the Decade of Roma Inclusion)'을 발표하였으며, 2005년 회원국정부가 참여하며 본격적으로 실천되었다.

그들에게 어떠한 기득권도 내어주지 않으며 오히려 폐쇄적이기까지 하다. 그들이 문화·경제적 이점을 모두 장악하고 게다가 터전을 차지하고 있는 모습은 구미인들의 문화약탈, 혹은 식민 지배를 통한 영토 확장과 다를 바 없다. 본래의 원주민을 이주시키고 그 곳에 자신들이 거주하는 것은 지배나 통치의 개념과는 다른 '장악'의 양상을 보이는 것에서 사회적 현상의 유사성을 유추할 수 있다.

〈그레이트 뷰티〉를 접한 대중은 로마를 배경으로 한 상류계층의 이야기에 대해 큰 반감을 가지지 못할 것이다. 매우 개인적인 사건에 집중된 스토리는 물론이요, 로마에 대한 부정적인 시각은커녕 극단적인 아름다움을 담은 영화이기 때문이다. 그렇다면 왜 감독은 '로마'를 배경으로 '위대한 삶'을 다룬 영화를 만들었을까. 그 해답은 바로 '위대함(Greatness)'이라는 말의 이면에 있다. 물론 로마가 역사·문화·예술적으로 위대한 도시임에는 틀림없다. 그러나 그 위대함을 세계에 알리고, 이를 영유하고 장악하고 있는 것은 역사의 주역이 아니다. 로마라는 위대한 도시에 이러한 이면이 담겨있듯, 영화 〈그레이트 뷰티〉의 주인공은 위대한 삶을 살아온 상류사회의 일원이자 존경받는 문화인이지만, 그의 이면에는 지식인이 응당 가져야 할 덕목에 대한 외면과 상류층의 최상점에 서고자 하는 욕망이 자리하고 있다. 바로 이것이 로마와 젭의 유사성이며, 영화의 배경으로 로마가 선택된 이유일 것이다.

고대 로마의 지식인이 노빌레스가 통제하였던 권위에서 문화를 독립시켜 자신들의 정당성과 권력을 점차 쌓아 나간 능동적 인물상을 지녔다면, 현대 로마의 지식인은 경제적 지위를 기반으로 그들만의 네트워크를 형성하고 폐쇄적인 문화를 향유하고 있다. 이것이 영화 〈그레이트 뷰티〉가 보여주는 극단적인 지식인의 모습이다. 또한 그들이 만들어낸 폐쇄적인 네트워크는 '뜻을 같이 생각하는 자'라는 보편적 로마인의 사상의 부적절한 귀결이라 할 수 있겠다. 에스닉적 정체성을 버린 'Roman'은 현대에 이르러 그저 함께 수다를 떨고, 그저 자신의 정체성을 확인받는 사교적 그룹에 지나지 않는다.

스테파니아에게 충고하는 젭

"… 이 거짓과 나약함을 내가 말하는 거야. … 우린 모두 정망할 참이야. 우리가 할 수 있는 건 서로 얼굴 보며 친구해서 농담 좀 하는 거야. 아닌가?"

이 장면은 젭의 집에서 열린 가벼운 사교 모임에서, 스테파니아가 자신을 우월성을 내세우며 자신의 정체성을 인정받고자 하는 장면이다. 하지만 이에 대해 젭은 그녀의 치부를 숨김없이 내뱉으며 논리적인 언변으로 그녀의 거만함을 짓누른다. 그녀는 소설 11편을 집필하고, TV에도 출연하는 등 매우 보편적인 지식인의 범주에 속함에도 불구하고 완전한 지식인으로 인정받을 수 없었다. 이와 같이 본 영화에서 드러난 보편적인 현대 로마 지식인들의 존재가치는 단 한 가지로 평가할 수 있다. '우월성(superiority)'. 하지만 우월성의 또 다른 의미는 거만함이기에, 이들의 자기의식에 대해서는 또 다른 분석의 여지가 드러난다.

그러나 이들이 으레 철학과 정치, 역사 등 학문의 영역에서만 다루어지던 로마를 새로운 시선으로 바라볼 수 있는 동기를 부여하고 있음은 분명한 사실이다. 새롭게 탄생한 현대 로마인 계층과 지식인 그룹의 내막에 어떠한 부정적 문화가 형성되고 있다 하더라도, 타인의 '동경'을 받고 있음을 부인할 수는 없다. 즉, 현대 Roman에 의해 로마는 한층 더 이상(理想)적인 도시로 평가받고 있다는 것이다.

## 로마 신(新)귀족주의의 발현

17세기 귀족주의와 19세기 말 독일에서 탄생한 사회귀족주의의 유사성은 '지식인만이 소유할 수 있는 가치에 대한 집착'이라 평가할 수 있겠다. 귀족주의는 소수의 지식인, 즉 기득권층만이 가치를 소유할 수 있다는 태도를 의미하며 사회귀족주의는 지식인 스스로가 시민사회에서 도태하여 고립과 엘리트주의적 입장을 고수한다는 것이다. 이들이 말하는 '기득권층의 이분법적 사고방식'은 현대에도 고스란히 이어지고 있다. 시대의 변화에 변함없이 등장하는 기득권층의 이분법적 사고방식이 존재하고 있기 때문이다.

상류층은 자신이 정치·경제적 기득권을 득하였을 때 그렇지 못한 계층에 대해 지배의 논리를 펼치거나 무시, 경멸의 양상을 보인다. 이것이 사회학적 관점에서 가장 변하지 않는 원리이자 현재에도 이어지는 귀족주의의 근본정신이다. 이에 대해서는 매우 부정적인 평가가 존재하면서도 상류층의 이면에 선 이들은 그들을 동경하고 그들의 세계에 들어서고자 하는 욕망을 지니게 되는 것이 아이러니라 할 수 있겠다.

이러한 경제-문화-정치 등 새로운 형태로 도래하고 있는 현대 상류층의 이분법적 사고방식은 영화 〈그레이트 뷰티〉에 고스란히 표현된다. 오래된 이론에서 찾아볼 수 있는 정치적·사상적 선동을 일으키지는 않지만 자신들의 기득권을 쉽게 포기하지 않으며 자신의 삶의 질에 집착하는 모습이 매우 닮아있기 때문이다.

본 영화에서는 전부라 할 수 있지만, 실제로는 로마 사회의 일각인 '상류층'은 위와 같은 이론에 따라 '현대판 귀족', 혹은 '경제귀족'과 같은 용어로 정의할 수 있겠다. 그리고 이들이 문화·사회적 지위를 갖추지 않은 이들과 어울리지 않는 모습에서 새로운 귀족주의의 탄생, 즉 신(新)귀족주의의 발현을 유추할 수 있다.

영화 〈그레이트 뷰티〉에서의 다루고 있는 서민의 모습은 극소하지만, 분명히 신귀족주의의 이분법적 사고에 의해 그려지고 있다. 대표적인 인물로 젭의 오랜 친구인 데지디오의 딸 '라모나'를 들 수 있다. 창녀가 아

젭과 처음 만나 대화를 나누는 라모나

닌 고급 스트리퍼 댄서가 되고자 하는 그녀의 모습에서는 상류사회 특유의 거만함, 혹은 우월성을 느낄 수 없다. 오히려 그녀는 자신의 아픔을 무작정 감추거나 자신의 모습을 낮춤으로서 스스로를 정당화 하고 있다. 젭과의 첫 만남에서 그녀는 스스로에 대해 매우 낮은 자존감을 가지고 있는데, 이는 영화 속에서 끝내 해소되지 못한다.

그녀는 젭에 의해 상류사회를 경험한다. 한 번도 경험해보지 못했던 상류층의 파티, 로마의 모든 아름다움을 담은 박물관에 들르거나, 상류사회의 왕이 될 수 있는 방법까지 배운다. 나체로 타인 앞에서 춤을 추던 그녀가 '고상한 여인'의 삶을 경험하게 된 것이다. 그녀는 이를 통해 표출하지 못했던 자신의 상처를 이야기할 수 있는 감정적 동요를 경험하지만 결국 죽음에 이른다. 결국 그녀는 귀족이 될 수 없었던 것이다. 그녀는 신데렐라가 될 수 없었으며, 그저 죽음으로 사회에 이별을 고할 뿐이었다. 감독은 주인공 젭이 고민하는 '삶과 죽음'에 대한 회한을 담기 위해 그녀를 선택했겠지만, 실상 이는 상류층에 포함될 수 없는 계층을 그리고 말았던 것이다. 매우 귀족주의적인 사고가 아닐 수 없다.

고대 로마의 지식인이 노빌레스에게 집중되었던 기득권을 빼앗아 자신들의 정체성을 공고히 했다면, 영화 속에서 드러난 현대 로마 지식인은 사회·문화의 기득권으로 귀족의 행태를 취하고 있다고 말할 수 있다. 이는 주인공 젭이 문화적 권위와 함께 그의 경제적 부유함이 상류층 대부분에 의해 옹호되고 있음으로 증명 가능하다. 고대 Roman의 사상적 동일성이 민족적 테두리를 형성하고 있었던 것처럼, 현대 Roman은 서로에 대한 옹호와 인정으로 현대적인 민족성, 즉 그들만의 로마 귀족사회를 형성하고 있는 것이다. 이는 로마의 신(新)귀족주의이며 Roman의 테두리를 의미한다.

즉, 신귀족주의는 사회적 변화에 따라 그 타당성을 인정받고 있다.[9] 과거 지식인(상위 계층으로 사회적 책임을 가진 자)이 체제에 대한 순응 혹은 비판에 대한 영역을 고민하는 데에 자신의 지적 소양을 다했다면, 현대 지식인은 그저 '지식의 생산자'이자 '소비자'의 역할을 수행하고 있다. 즉, 지식인은 늘 객관적·중립적 관념을 유지해야 한다는 편견을 벗어나 현대 지식인은 역사적·사회적 피구속성(被拘束性) 속에 존재하는 것이다.[10] 이에 영화 〈그레이트 뷰티〉에 나타난 지식인의 성향은 경제원리를 기반으로 한 신귀족주의를 표현하고 있으며 지식인이 사회적 의무에 등을 돌린 채 매우 개인적인 욕구 실현에 집착하고 있음을 보여주고 있다.

영화 〈그레이트 뷰티〉에서 드러난 사회 상류층, 즉 주인공인 젭의 주변에서 함께 사교 행사에 참석하고, 파티를 즐기는 이들은 저마다의 자기정체성을 지니고 있다. 풍족한 경제력과 사회적 인정을 기반으로 한 이들의 자기정체성은 영화의 전반적 서사구조에 자연스럽게 녹아있다. 그러나 현대 로마의 지식인 계층, 또한 앞서 설명한 바와 같이 신귀족의 영역에 포함되어있는 이들은 고대 Roman 지식인과 달리, 쉽게 자신의 정체성을 위협받는다.

앞서 분석한 바와 같이 영화 〈그레이트 뷰티〉의 상류층은 시민혁명·산업혁명·예술혁명과 같은 이념·역사적 사건보다도 개인의 사상에 대한 반기를 드는 누군가, 혹은 주변인에게 발생한 사건 등에 대한 영향을 더욱 많이 받고 있다는 것이다. 본 영화의 소재가 주인공 개인이 사랑했던 여인의 죽음으로 인해 벌어지는 일련의 사건들이라는 것에서 이를 증명

9 이러한 결론은 현대 귀족층을 이루는 계층이 '지식인'임을 기반으로 한다.
10 황성모, 「社會發殿과 知識人의 役割」, 『현대이념연구』 제3호, 1985, 30쪽 참조.

할 수 있겠다. 그러나 이처럼 사회와 사회 구조가 지식인의 능력 없이는 유지 불가능한 현대에 이들처럼 사회에 대한 비판 능력을 상실한 지식인들이 존재한다는 것은 지식인의 역할이 사회적으로 역기능을 불러일으킬 수도 있다는 것을 의미한다. 지식인의 사회적 역기능은 곧 그들의 사회적 고립을 말한다.[11]

영화 〈그레이트 뷰티〉는 젭의 자기정체성 정립 과정을 주된 이야기로 삼고 있지만, 현대 지식인의 통상적인 정체성에 대해서도 함께 말하고 있다. 본 영화에 따르면 현대 로마 상류층이 가진 '자기정체성'은 매우 구차하게 느껴진다. 그들은 매우 자기기만(self-deception)[12]적 행동성향을 보이고 있는데, 이를 사르트르의 존재론에 기대어 설명할 수 있다.

자유와 책임, 그리고 불안이라는 단어로 표현할 수 있는 사르트르의 존재론에 의하면 인간은 의식적 자유를 지닌 존재이다. 그러나 자유와 책임은 서로를 지칭하는 다른 표현이기에, 의식의 자유는 무한한 벗어남이자 무한한 구속인 것이다.[13] 그러나 자유로 인해 귀결되는 책임을 외면하고 회피하게 될 때, 인간은 '자기기만'의 상황에 빠져들게 된다. 자기기만이라는 개념은 일종의 '속임수'로 타자와 함께 자기 자신을 속이는 것을 포함한다. 즉 속이는 자와 속는 자가 동일하다는 모순을 가진다.[14] 이는 스스로가 자유를 인식한 상태에서 타자에게 자신이 노출되며 발생하는 불안에 대한 도피라 할 수 있는데, 개인의 자기가치형성에 대한 부담을 탈피하기 위한 가장(假裝)이라 할 수 있겠다. 인간은 자기가치형성을 위해 자신의 자유를 인식하고, 또 이를 부정하지만 결국 자신을 '즉자화'하기에 이른다. 즉자화는 자신을 완벽한 존재라 평가하고

11 *Ibid.*

12 자기기만(自己欺瞞)은 사전적으로 '스스로를 속인다'라는 의미로 쓰이지만, 이를 사르트르는 '불성실'의 또 다른 표현으로 자기기만을 언급하며 인간 자유에서의 도피를 설명하고 있다.

13 박두희, 「사르트르의 『존재와 무』에 나타난 인간의 자유와 존재론적 의미」, 건국대학교 교육대학원 석사학위논문, 2015 참조.

14 변광배, 『존재와 무, 자유를 향한 실존적 탐색』, 살림, 2005 참조.

더 발전할 것이 없다는 기만의 형태를 말한다.

사르트르가 말하는 자유의 거부와 즉자존재는 '완성된 것'으로의 자아의 인식을 의미한다. 타자와의 대면을 통해 개인의 자아가 격하되는 지경에 이르지 않도록 불안에서의 탈출하고자 하는 욕구가 바로 '자기기만'인 것이며, 이는 완벽한 자기가치형성을 방해하고 결국 자기정체성 정립의 결과를 이끌어낼 수 없도록 한다. 이에 개인은 자유 주체들의 상호작용으로 이루어지는 사회에 대한 이해를 바탕으로 책임을 실현하여야만 하며, 자기정체성 정립을 위해 '타자'를 인정해야만 한다는 것이다.

위와 같은 이론에 의하면 자기기만을 통해 자신을 편협한 시각으로 바라보는 이들은 스스로를 완벽한 상태로 이해하는 오류를 범한다. 자유에 대한 부정으로부터 시작된 오류는 결국 정체성 정립의 해답이 될 수 없으므로 자신에 대한 인정과 판단은 타자의 간섭 혹은 사건에 의해 쉽게 위협받는다. 즉, 불안의 해소로 선택한 자신의 행위가 자칫 주체성 상실을 불러일으킬 수 있다는 것이다. 영화 〈그레이트 뷰티〉의 인물들이 로마를 통해 자유를 갈망하지만, 스스로의 틀에 갇혀 '상류사회'를 구축하는 기만을 가장 대표적이라 말할 수 있겠다. 그들이 말하는 지식인으로의 자기정체성이 바로 '자기기만'이며, '인간소외'이다. 책임이 있는 주체(자유로운 주체)를 사회에서 소외시키고, 연기와 가식으로 만들어진 자기정체성을 구축하며 그들은 구차한 인정을 바라고 있는 것이다.

영화 속에서 젭의 지인이자 이방인인 '로마노'는 상류사회의 모든 파티와 사교모임에 참석할 만큼 관계에 대한 애착이 높았던 인물이다. 그러나 개인적 사건을 통해 '현대 로마 지식인'으로의 정체성을 상실하게 된다. 로마 상류층으로의 삶을 모두 내려놓고 귀향을 선택하게 된 그의 사건에서는 주체성 상실의 과정을 모두 보여주고 있다. 그에게 있어 '관계'는 상류사회의 일원으로 존재하고자 하는 그의 기만이다. 이러한 기만은 타자와의 접촉을 통해 발생한 불안을 모두 해소하지 못한 채 본래 자신의 의식의 자유가 존재했던 고향으로의 복귀를 선택하게 만든다. 그런데 그의 귀향을 '자기정체성 정립 실패'의 관점으로만 볼 수는 없다.

젭에게 이별을 고하는 로마노

그는 40년 이상 로마에 살아왔지만 이에 완벽하게 녹아들지 못했고, 이를 개인의 사건을 통해 구차한 정체성을 탈피해 가치 있는 정체성이 발현되었다고 평가할 수 있기 때문이다.

또한 그가 말한 '로마에 대한 실망'은 스스로 상류사회에 도달할 수 있다는 역사적 사건과 자유와 성공을 상징하는 공간의 배신을 말한다. 영화 〈그레이트 뷰티〉에서의 '로마'는 집단적 자기기만의 공간이라 정의할 수 있겠다. 집단적 자기기만은 자유로운 주체의 인간을 차폐하고 규격화된 인간만을 인정[15]하기에 이르는데, 로마의 지식인들은 자신들의 규칙에 따라 형성된 집단적 자기기만의 공간에서 자신들을 합리화하며 책임이 귀결되지 않는 자유를 만끽하고 스스로를 '상류사회'로 소외시키고 있다. 이를 통해 현대 로마 지식인의 고립적이고 폐쇄적인 사회가 지닌 폭력적 성향과 불평등 논리를 말할 수 있다.

15 박두희, *op. cit.*

**결론** 영화 〈그레이트 뷰티〉에서 위대한 삶의 배경이 된 로마는 이제 위대함을 가진 도시가 아니다. 그 위대함은 아주 오랜 역사가 남긴 유적들로 드러나는 흔적일 뿐이며, 이를 삶의 배경으로 삼는 이들에게는 자신의 우월함을 표현하기 위한 수단에 지나지 않는다. 물론 신귀족주의를 형성하며 고립적인 삶의 형태를 이어가고 있는 지식인들에게 해당되는 말이다.

영화의 마지막에 젭은 마리아 수녀와의 대화를 통해 위대한 아름다움의 의미를 깨닫는데, 그가 자유(책임)를 외면하고 기만에 빠져있었던 시간이 해소되는 과정이 바로 이것이다.

마리아 수녀가 젭에게 말한 '뿌리'의 의미는 두 가지로 해석할 수 있다. 첫 번째는 젭이 가진 신분적 뿌리이며, 두 번째는 그가 새롭게 내린 로마 시민으로의 뿌리이다. 젭은 아주 평범한 20대 청년이었다. 사랑하는 여인과의 추억을 어떠한 소설가가 그러하듯 일대기적 소설로 집필하였다. 그런데 운 좋게도, 이 소설을 통해 그는 우수한 감성과 작가로의 집필 능력을 인정받게 된다. 그저 하나의 우연일 뿐이었다고 말할 수도 있겠다. 그렇게 그는 예술가가 모여드는 로마로 이주하였으며, 본래는 이방인이었으나 자신의 정체성을 고취하기 위해 다양한 연기와 관계적 활동을 이어가고 새로운 곳에서 정체성의 뿌리를 내리게 된다. 그것이 바로 젭의 두 번째 뿌리인 로마의 시민이자 근대 지식인으로서의 근간이다.

사르트르는 시간적인 삼차원의 현상학을 제시하며, 과거·현재·미래라는 시간의 3요소를 통해 고찰을 겪어야 함을 말한다.[16] 이러한 관

16 사르트르는 "과거는 이미 존재하지 않는다, 미래는 아직 존재하지 않는다. 순간적인 현재는, 누구나 다 알고있는 것처럼 전혀 존재하지 않는다. 순간적인 현재는 차원을 갖지 않는 점과 마찬가지로 무한분할의 극한이다."라는 말을 통해 개인의 정체성 정립이 시간의 한계에 머무르지 않고 시간적인 전체를 배경으로 한다고 말한다. 장 폴 사르트르, 『존재와 무』, 정소정 옮김, 동서문화사, 1994, 206쪽 참조.

점에서 젭은 해당되는 본질(첫 번째 뿌리, 과거)를 외면한 채 새로운 본질(현재)을 만들어냈는데, 이는 기만적인 인간소외의 표면일 뿐이었다. 결국 젭은 '그냥 모든 것은 속임수다.'라는 말과 함께 주체성을 정립하기에 이른다. 그의 말은 자신이 로마에서 정립한 본질이 모두 도피였음을 인정하는 것이며 책임을 외면했던 표상적 자유에서의 탈피(미래)를 의미하고 있다. 결국 영화는 '젭'의 개인 주체성 정립을 이루어냈으며 로마 지식인의 구차한 정체성의 해소를 보여준 것이다.

이 글에서 꽤나 현대 로마 지식인에 대한 부정적인 평가가 이루어졌지만, 그렇다고 하여 이들이 자기정체성 정립을 위해 굳이 로마를 떠나야 할 이유는 없다. 오히려 그들이 존재하기에 로마의 가치는 그를 바라보는 이들에게 동경의 대상이자 보존의 존재로 여겨질 수 있기 때문이다. 다만 그들은 고대 Roman의 '사상을 같이 하는 자'의 의미를 깨닫고 로마를 배경으로 살아가는 지식인이 갖추어야 할 덕목에 대한 고찰을 경험해야만 한다. 이미 만들어진 사회 상류층의 고립적 생활양식에 휩쓸려 개인이 경험해야 할 자기반성과 고찰, 그리고 책임을 가지지 못한다면 곧 기득권을 지닌 이들의 영역에서 도태되고 말 것이다.

결론적으로, 현대 로마는 더 이상 유물론적 관점에서의 위대함으로 평가될 수 없으며, 그곳에 모여든 신귀족, 즉 지식인의 인식 변화와 그를 바라보는 사회적 시선으로서 성장해야만 한다. 현대 로마인이 응당 짊어져야 할 사회적 책임을 가중하여 그들을 불안과 도피의 영역으로 몰아가서는 안 될 것이며, 그들의 명확한 주체성 정립을 위해 우리는 타당한 타자성을 지녀야만 할 것이다.

고대와 달리 현대의 모든 지식인이 사회에 대한 비판과 체제에 대한 개인의 의견[17]을 가져야만 하는 것은 아니기에, 자유로운 사상에 대한 인정과 존중이 매우 중요한 사회적 시선으로 작용할 수 있을 것

17 황성모, *op. cit.*

이다. 그렇다면 그들은 오히려 사회적 책임을 가진 자기정체성을 형성해나갈 수 있지 않을까.[18]

18 이 글은 『글로컬창의문화연구』, 제5권 1호(29~44쪽)에 실린 것으로 본 도서의 주제와 편집방향에 맞추어 일부 수정 하였음.

# 참고 문헌

김경미, 「동유럽 로마(Roma)공동체에서의 다문화주의와 페미니즘의 갈등」, 『한·독사회과학논총』 제25권 3호, 2015.

김경준, 「로마인의 보편적 개방성 누마의 개혁에서 비롯되다」, 『시사저널』, 2015. 11. 9.

박두희, 「사르트르의 『존재와 무』에 나타난 인간의 자유와 존재론적 의미」, 건국대학교 교육대학원 석사학위논문, 2015.

변광배, 『존재와 무, 자유를 향한 실존적 탐색』, 살림, 2005.

사르트르(J. P.), 『존재와 무』, 정소정 옮김, 동서문화사, 1994.

황성모, 「社會發殿과 知識人의 役割」, 『현대이념연구』 제3호, 1985.

# 8

# 집단 역동성과 라티노 에스닉 미디어의 역할

## - 훌루(Hulu)의 〈이스트 로스 하이(East Los High)〉를 중심으로

김희경

**이스트 로스 하이(East Los High) 포스터**

개요 : 미국드라마 / 미국 / 미국 Hulu
감독 : 케이티 엘모어
출연 : 재닌 라니나, 가브리엘 차바리아, 앨리시아 식스토스 외

이스트 로스 하이는 NBC 방송과 FOX가 합작해 설립한 훌루(Hulu)라는 동영상 서비스 사이트에서 2013년부터 2017년까지 방영한 콘텐츠로 아메리칸 라티노 출신으로 동부 LA에서 살고 있는 10대 라티노들의 건강, 안전한 섹스, 임신 예방을 위해 엔터테인먼트와 액티비즘 기법을 결합한 드라마다.

### 에스닉에 대한 조작적 정의

단일 문화 사회이건 다문화 사회이건 미디어의 역할은 중요하다. 특히 다문화 사회에서 미디어는 주류들은 그들의 기득권을 강화하기 위해, 이주민이나 소수민족들은 주류 사회에 적응하거나 그들끼리의 정보를 공유, 혹은 주류 사회에 저항하기 위한 채널로 사용된다. 실제로 그들은 이런 목적을 달성하기 위하여 다큐멘터리, 독립영화, 웹사이트, 인터넷 게시판, 온·오프라인 동호회 활동에 적극적으로 참여한다. 이것은 주류가 만든 미디어와 콘텐츠를 소비하기만 하는 단순 수용자로 남지 않겠다는 의지를 드러내는 것이다. 주류가 생산한 소수민족의 콘텐츠는 아무래도 주류 입장에서 바라보는 에스닉의 모습을 그리고 있기 때문에 편협한 시선을 벗어나기 힘들다. 따라서 스스로 생산자가 되어 콘텐츠를 제작하거나 직접 등장인물로 출연하여 자신들의 이야기를 보여주고 들려준다. 이것이 에스닉 미디어의 존재 이유라고 하겠다.

에스닉 미디어는 주류 사회의 언어가 아닌 소수 민족의 언어 혹은 소수 민족의 이야기·특성·상황을 만들고 전달하며, 운영 주체도 소수 민족인 것을 말한다. 커닝햄(Cunningham)은 에스닉 미디어는 "이주민 담론 생산의 공간이자 주류 미디어에 외면 받는 소수자의 목소리를 대변하여 소수자의 관점이 삽입되고 표현될 수 있는 다면적 공론장으로서 기능한다"[1]고 하였다. 스리버니(Sreberny) 또한 "에스닉 미디어가 소수 민족들에게 자기 재현의 공간을 제공함으로써 주류 사회의 고정관념적 재현에 도전할 수 있도록 해 준다"[2]고 하였다.

이 글은 다문화 국가인 미국에서 백인을 제외하고 가장 많은 수를 차지하고 있는 라티노 에스닉을 연구 대상으로 하며, 특히 동부 로스앤젤레스에 살고 있는 10대 라티노로 더욱 범위를 좁혀 주류 사회에서 그들을 어떻게 인식하고 있는지를 먼저 밝히고, 그들이 수동적으로 주류 사회에 동화되거나 자연스럽게 적응하지 않고, 스스로 자생력을 갖추기 위하여 에스닉 미디어를 어떻게 활용하는지를 가상공간 〈이스트 로스 하이〉라는 트랜스미디어 에듀테인먼트 콘텐츠를 분석하여 살펴보았다. 이를 통해 에스닉 미디어가 나아갈 방향을 제시하였다.

---

1 H. Cunningham, "Nations rebound?: Crossing borders in a gated glove", *Identities: Global Sudies in Culture and Power*, 11, 2004, pp.329~350. 이연옥·장임숙·장덕현·이수상·이광희, 「다문화 사회에서의 에스닉 미디어의 역할」, 『민족연구』 제58호, 2014, 94쪽 재인용, 재구성.

2 A. Sreberny, "Not only But Also: Mixedness and media", *Journal of Ethnic and Migration Studies*, Vol.31 No.3, 2005, pp.443~459. 이연옥·장임숙·장덕현·이수상·이광희, *Ibid.*, 95쪽 재인용, 재구성.

### 경계 지역으로서의 동부 로스엔젤레스

동부 로스앤젤레스는 로스앤젤레스 동쪽에 위치한 지역이다. 보통 줄여서 East L.A. 혹은 East Los라고 부른다. 가장 다양한 인종이 있는 지역으로 그 중 96.7%가 라티노다. 라티노 인구는 18세 이하 39,804명(31.5%), 18세에서 24세 사이가 15,193명(12.0%), 25세에서 44세 사이가 37,354명(29.5%), 45세에서 64세 사이가 23,281명 등으로 평균 연령은 29.1세로 젊은 편이다.[3]

연방통계국의 연구에 의하면 2050년 미국 백인의 인구는 미국 전체 인구의 53%로 줄어드는 반면 라티노 인구는 9천 500만 명으로 약 25%를 차지할 것으로 예상된다. 가까운 미래의 미국에서 가장 의미 있는 변화는 라티노 인구의 급격한 증가와 이의 영향력일 것이다.[4]

2002년부터 히스패닉은 흑인을 제치고 미국 최대의 소수인종이 되었다. 히스패닉 중 중남미 출신을 라티노(latino)라고 부른다. 2010년 미국의 인구조사결과 보고서에서는 히스패닉 혹은 라티노를 "인종에 상관없이 쿠바·멕시코·푸에르토리코, 중미 혹은 남미, 혹은 여타 스페인 문화나 기원을 가진 사람"[5]이라고 정의하였다. 이들은 라티노라는 대범주에서는 언어·종교·문화 등에서 동질성을 갖고 있지만, 멕시코·쿠바·푸에르토리코·엘살바도르 등 출신지역을 세분화했을 때는 국가마다 다양한 차이를 보이고 있다.[6] 이 중 멕시코 출신이 전체 라티노의 60% 이상을 차지하며 동부 로스앤젤레스에는 대략 500여 만 명의 멕시코계 라티노가 살고 있다.[7] 왜냐하면 이 지역이 멕시코와 비교적 가깝기 때문이다.

라티노는 미국 사회에서 가장 급속하게 성장하는 에스닉 그룹으로

---

3 U.S. Census Bureau, "2010 Census Interactive Population Search: CA - East Los Angeles CDP", 2010.

4 송기도, 「미국 최대의 소수 인종 히스패닉」, 『인물과 사상』 제65호, 2003, 174쪽.

5 U.S. Census Bureau, "U.S. Interim Projections by Age, Sex, Race, and Hispanic Origin", 2010.

6 송기도, *op. cit.*, 176쪽.

7 송기도, *op. cit.*, 177쪽.

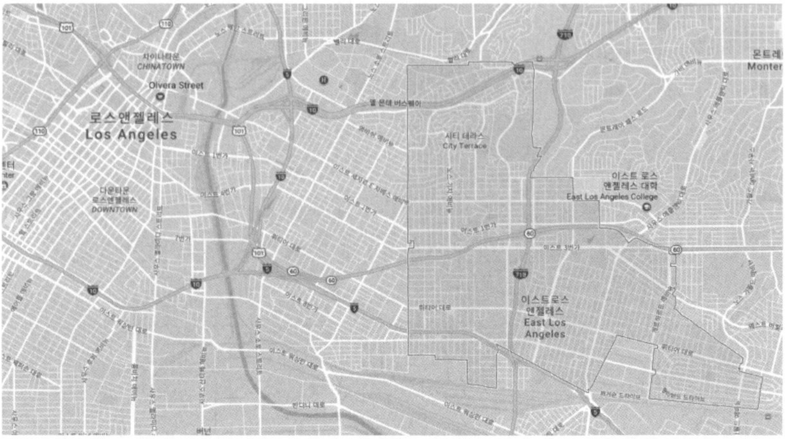

이스트 로스엔젤레스 위치

서,[8] 미국 사회에 동화되어 버린 흑인과는 달리 그들 고유의 문화와 언어를 지켜가고 있어서 미국의 주류사회와는 다른 방식으로 살아가고 있다. 라틴문화를 그대로 고수하며, 스페인어와 영어를 동시에 사용하거나 장년층 이상은 스페인어만 쓰기도 한다. 이것은 그들 고유의 문화적 자질을 지키면서 미국의 주류 문화와 팽팽한 긴장관계를 유지함으로써 그들만의 정체성을 지키겠다는 의지로 볼 수 있다. 이것은 백인 중심의 주류문화를 일방적으로 따르겠다는 것이 아니라 라티노만의 경계를 짓는 것이 그들의 정체성을 구성해 나가는 것이라 할 수 있다. 앞에서 동부 로스앤젤레스의 평균 연령이 29세이고 가장 많은 세대군이 18세 이하, 그 다음이 25세에서 44세 사이였다고 밝혔다. 이 수치가 의미하는 바는 내부적으로는 젊은 라티노가 전적으로 그들의 출신국가나 부모세대의 문화를 완전히 따르지도 않으며, 그렇다고 백인 주류 인종이 살고 있는 미국 땅의 한 지역인 로스앤젤레스에 살면서 그 문화에 전적으로 흡수되지 않는 외부적인 양상을 표시한다. 이것은 라티노가 경계인의 삶을 형상하고 있다는 것을 의미하며 이들이 살아가고 있는 공

8 이성훈, 「경계의 정체성: 라티노 연구를 위한 시론」, 『외국문학연구』 제20호, 2005, 201쪽.

간을 경계지역이라고 할 수 있다.

동부 로스앤젤레스는 분명 미국의 한 지역이다. 우리는 미국이 다문화국가임을 이미 알고 있지만 우리에게 노출되어 왔던 수많은 미디어 콘텐츠가 주류인종(주인공)을 백인으로 내세우고 있어서 피부색이나 언어가 다른 인종이 영화나 드라마의 주요인물로 등장할 때 그것이 미국 콘텐츠인가 하는 의심을 품기도 한다. 그도 그럴 것이 미국의 정체성의 중심에는 '앵글로색슨계 백인 개신교도(WASP, White Anglo-Saxon Protestant)'[9]가 있는데, 만일 이 사람들이 소수로 전락한다면 미국이 어떻게 변할지에 대해 많은 미국인들은 우려를 표명하고 있으며, 이러한 변화를 초래한 주요 원인에는 라티노의 급속한 증가가 자리 잡고 있다.

또한 라티노 중에도 백인계 라티노가 있고, 비백인계 라티노가 있는데 백인계의 다수는 스스로를 백인으로 생각하며 적극적으로 백인사회에 동화하려고 노력한다. 이것은 유럽에서 넘어온 백인과는 달리 라티노 내에서도 백인계와 비백인계가 다른 입장을 취하면서 내부적인 분열이 일어나서 민족 정체성 자체가 불분명하다는 것을 의미한다. 백인계열과 비백인계는 우선 피부 밝기와 얼굴 생김새로 드러나는데 그것이 백인에 가까운지 아닌지에 따라 우열이 존재한다. 표면적인 우열은 외모 차별에서만 그치는 것이 아니라 사회경제적 지위 격차,[10] 그리고 사람들의 인식에도 영향을 미친다. 피부색이나 사회경제적 지위가 백인에 가까운 라티노들의 백인화는 크게 문제될 것이 없겠지만 그 반대에 있는 비백인계는 주변인으로 머물 가능성이 크다. 왜냐하면 이들은 흑인도 아니고, 백인도 아닌 주변인 혹은 경계인으로 인식될 수 있기 때문이다.

9 http://100.daum.net/encyclopedia/view/31XXXXX20688. 백인으로 앵글로색슨계의 신교도인 사람을 가리키는 말로서, 와스프라고 읽는다. 영국계 미국인의 자손인 이들은 전통적인 미국인으로 오늘날 미국사회의 주류를 이루고 있으며, 정계와 재계의 지도급 인사는 대개 와스프이다.

10 Melissa Nobles, "History Counts: a Comparative Analysis of Racial/Color Categorization in US and Brazilian Censuses", *American Journal of Public Health,* Vol. 90, No.11, 2000, pp.1738~1745.

## 공간이론과 경계인 : 경계인과 집단 역동성 이론

경계공간에서 살아가는 경계인, 특히 비백인계 라티노에 대한 미국 지배세력의 관점은 '정부지원금이나 축내는', '에이즈에 걸린', '약물 중독된', '학업을 중간에 포기한', 그리고 '10대에 임신한' 등 부정적이고 사회적 문제를 일으키는 집단으로 인식한다.[11] 즉 비백인계 라티노는 미국 국민이라기보다는 부정적 타자로 보는 것이 일반적이다. 이것이 외부에서 보는 라티노 에스니시티, 즉, 라티노 에스닉의 정체성이다.

이러한 타자화된 라티노 에스니시티는 미디어에서 자주 다뤄진다. 미디어에서 다루는 라티노 에스니시티는 그들의 삶을 심층 보도하면서 주류사회에 부적응하는 그들의 모습을 통해 동정심을 유발하기도 하고, 그 반대로 주류사회에 적응하기 위한 그들의 노력을 보여줌으로써 주류에 동화되는 것이 옳다는 것임을 강조하기도 한다. 그러나 이런 방식으로 라티노 에스니시티를 다루는 것은 라티노 이미지를 부정적이고 편향적으로 그려 그들을 소외시키고 계속 경계인에 머물게 하는 전략이다.

한 가지 다행인 것은 다문화 사회가 점점 확대되고 전 세계적으로 이민이 증가하고 있기 때문에 에스닉 그룹들은 그들이 미디어에서 어떻게 묘사되는지를 매우 잘 인식하고 있다[12]는 것이다. 그렇기 때문에 라티노 에스닉 그룹 역시 자신들만의 특별한 문화적 배경을 지닌 사람들이 만들어 낸 미디어 콘텐츠를 선호한다. 예를 들어, 미국 소수 인종의 45%

---

11 이상훈, *op. cit.*, 204쪽.

12 O. Appiah, "Black, White, Hispanic, and Asian American adolescents responses to culturally embedded ads", *Howard Journal of Communication,* Vol. 12, No. 1, 2001, pp.29~48; O. Appiah, "Black and White viewers' perception and recall of occupational characters on television", *Journal of Communication,* Vol. 52, No. 4, 2002, p.776; Y. Fujioka, "Black media images as a perceived threat to African American ethnic identity: Coping responses, perceived public perception, and attitudes towards affirmative action", *Journal of Broadcasting & Electronic Media*, Vol. 49, No. 4, 2005, p.450.

가 주류 미디어보다 에스닉 TV·라디오·신문을 좋아한다는 것이다.[13] 왜냐하면 에스닉 미디어가 주류 미디어보다 그들의 삶을 있는 그대로 혹은 긍정적으로 그리고 있기 때문이다. 라티노들이 주류 미디어와 다른 이러한 에스닉 미디어를 보면 자신들이 소속된 라티노라는 집단에 대한 자부심을 향상시키고 외부적으로 긍정적인 영향력을 미치려는 응집력이 증가한다.

이것을 집단 역동성 이론(group vitality, group dynamics theory)의 관점으로 살펴보자. 집단 역동성은 '집단(group)'과 '역동성(vitality of dynamics)'의 합성어로 '집단 내에 어떠한 역동적인 힘이 존재하며 이것이 집단 내에서 영향을 미쳐 생각이나 행동의 변화를 가져오게 하는 것'이라는 의미이다. 집단의 의미에 관하여 다프트와 스티어(Daft&Steers)는 '집단이란 일련의 규범이나 행동 기준을 공유하며, 일반적으로 담당해야 할 역할이나 임무들에 세분화되어 있고, 공동의 목표를 추구하기 위해 상호작용하는 개인들의 집합체'[14]라고 정의하였다. 던캔(Duncan)은 '일반적으로 집단이란 공동의 목표를 달성하기 위해 상호작용하는 둘 이상의 사람'[15]이라고 말했다. 역동성의 정의에 관하여 무니치(Munich)는 '집단을 움직이는 힘'이라고 하였고, 하빌과 매이슨(Havill&Masson)은 '집단에 작용하는 힘'이라고 하였다.[16] 정리하면 집단 역동성이란 한 공간을 공유하는 집단 구성원들이 그들의 권익과 공동 목표를 달성하기 위해 발휘하는 집단의 힘이라고 할 수 있겠다.

미디어, 특히 인터넷과 SNS가 발달하면서 미디어 연구자들은 온라인 공간이 인종·민족·계층·성별·나이에 관계없이 올드 미디어나 오프라인

---

13 New California Media, "Ethnic media in America: The giant hidden in plain sight", http://www.npr.org/documents/2005/jul/ncmfreport.pdf, 2005.

14 R. L. Daft & R. M. Steers, "Organization: A Micro Approach", *Foresman and Company,* 1986.

15 W. D. Duncan, "Organizational Behavior", *New Jersey: Houghton Mufflin,* 1981.

16 권경인, 「집단상담에서 집단역동의 이해와 활용」, 『가족과 상담』 제1권 제1호, 2011, 89~114쪽.

공간보다 더 민주적일 것이라고 예상했지만, 항상 그렇지는 않았다. 오히려 인종이나 민족 차별은 익명성이 보장되는 온라인 공간에서 더 만연하게 되었으며, 매일 관련 트윗팅만 해도 10,000건이 넘는다. 이 현상을 트위터 인종차별주의, '트위시즘(twicism, twitter racism)'이라고 하는데 크게 봤을 때 집단 역동성끼리의 충돌이라고 할 수 있다. 주류 집단이 그들의 힘을 유지 및 과시하기 위하여 비주류 집단을 멸시하고 차별하는 것이다. 트위팅에 댓글로 거듭되는 양 집단의 반발을 모아보면 집단의 응집력을 살펴볼 수 있다. 이것을 단순히 양자의 다툼이라고 보는데 그치기보다는 비주류 집단의 댓글이나 목소리를 잘 살펴봄으로써 그들이 스스로의 권익 향상을 위해 어떻게 참여하여 집단 역동성을 발휘하는지를 밝혀낼 수 있다.

### 에스닉 콘텐츠 사례 : 멀티콘텐츠를 활용한 에스닉 트랜스미디어 에듀테인먼트

비주류 라티노들의 트위터를 비롯한 다양한 미디어 활동은 주류 입장에서는 그들이 주류 사회에 적응하려는 행동으로 보지만, 그들 입장에서는 집단 역동성에 따라 자신들의 공동체를 강화하고, 사회·문화·정치적 권리를 요구하는 채널이 되기도 한다. 이것은 일방적인 미디어 수용자가 아니라 미디어 생산자의 역할을 수행하고 있음을 의미한다. 이것이 에스닉 미디어(ethnic media)다.[17] 에스닉 미디어는 소수민족이나 소수그룹이 제작 및 배포하는 미디어로 그들의 민족적이고 국가적인 상황과 특징을 반영한다.

17 Catherine Murray, Sherry Yu & Daniel Ahadi, "Cultural diversity and ethnic media in BC" Canadian Heritage Western Regional Office(no.45193670), 2007. 이연옥·장임숙·장덕현·이수상·이광희, *op. cit.*, 92쪽 재참조. 영어권 국가에서는 주로 '에스닉 미디어'라고 하고, 유럽 중 벨기에서는 '커뮤니티 미디어(community media)', 이탈리에서는 '다문화 미디어(multicultural media)' 혹은 '이주민 미디어(immigrant media)', 프랑스에서는 '다양성의 미디어(media of diversity)', 그리고 이들 미디어가 가진 사회네트워크로서의 역할을 강조할 경우 '디아스포라미디어(media of the diaspora)'라고도 한다.

에스닉 미디어에 앞서 디지털 시민권(digital citizenship)을 언급할 필요가 있다. 디지털 시민권은 개인이 사회에 온전히 참여할 수 있도록 디지털 기술을 사용하는 능력으로 디지털 시민권을 적극적으로 사용하는 것은 창의적인 표현, 정치나 경제 혹은 사회 문제에 참여를 함으로써 달성할 수 있는 가능성을 인정하는 과정이기도 하다. 디지털 시민권을 구사하려면 무엇보다 디지털 미디어 기술을 사용할 수 있는 기반이 만들어져야하는데 아프리카계 미국인 중 저소득층을 제외하고 백인과 라티노들은 모바일 폰 소유권과 SNS 등의 이용률이 높아서 온라인 파일을 만들고, 게시하며, 공유하는 활동을 적극적으로 하고 있다.[18]

라티노가 일상생활에서 활발한 디지털 시민권을 행사하고 있지만, 그들이 계속 주변부에 자리잡고 있는 배경적인 인물이라는 것을 알고 있다. 그래서 엔터테인먼트 콘텐츠에서 백인 배우들에게 주어진 특혜와 작가들 사이의 다양성 부족, 그리고 주류 미디어의 기업 관행을 비판하기도 한다. 그 중 하나가 웹 혹은 모바일 기반 엔터테인먼트의 독창적인 제작이다. 이러한 방법은 주류 콘텐츠보다 저기술과 저예산으로 실현 가능하다. 우리나라도 그렇지만 웹 드라마나 웹 영화 등의 웹 시리즈는 점점 더 많은 관객을 끌어 모으고 있고, 주류 콘텐츠보다 짧은 호흡을 가지고도 강한 영향력을 행사하기도 한다.

그 중 하나인 〈이스트 로스 하이(East Los High, 이하 ELH)〉는 미국 온라인 스트리밍 업체 훌루(Hulu)가 2013년 시즌 1을 시작으로 2016년까지 시즌 4가 제작된 트랜스미디어 에듀테인먼트 콘텐츠이다. ELH는 미국에서 가장 빠르게 증가하고 있는 소수 민족인 라티노들에게 성교육과 10대 임신 방지에 관한 정보를 제공하기 위하여 제작진과 배우 모두 라티노들로 구성된 최초의 영어 텔레노벨라이기도 하다. 라티노를 대상

18 D. Harp, I. Bachmann, and L. Guo, “The whole online world is watching: Profiling social networking sites and activists in China, Latin America, and the United States”, *International Journal of Communication*, 6, 2012, pp.298~321.

으로 하지만 영어로 방영되기 때문에 비라티노들도 많이 시청하고 있다. ELH는 동부 로스앤젤레스에 있는 가상의 고등학교를 배경으로 하는 10대 지향의 시리즈 드라마다. ELH를 보면 알겠지만 매우 엔터테인먼트적이어서 전형적인 헐리우드 재정으로 제작되었을 것이라고 생각되지만 전혀 그렇지 않다는 것이 주목할 만하다. 사회적 가치를 가진 미디어를 지원하는 민간 투자자들과 에듀테인먼트를 통한 사회적 변화를 주목하는 국제 비정부 조직인 PMC(Population Media Center)[19]의 후원을 받았다.

ELH의 스토리라인은 텔레노벨라가 그러하듯 사랑, 갈등, 삼각관계, 폭력, 훅업(하룻밤 즐기는 문화), 10대 문화(임신, 미혼모), 가십, 부모 부재 등 우리가 흔히 접하는 엔터테인먼트 콘텐츠와 유사하다. 그러나 ELH에는 엔터테인먼트 요소 외에도 기저에 도덕적이고 교훈적인 메시지가 있다. ELH가 표방하는 에듀테인먼트의 방법은 엔터테인먼트 프로그램에 의도적이고 목적적인 교육적 요소를 배치하는 것이다. 배치의 방법으로 ELH는 트랜스미디어 스토리텔링 경험을 제공한다.

ELH는 동부 로스앤젤레스에 실제로는 없는 가상의 고등학교이다. 이 가상학교를 하나의 세계로 만들기 위하여 드라마, 페이스북·트위터·인스타그램 등의 SNS, VLOG(video+blog), 그리고 온라인 신문, 댄스 튜토리얼, 코믹 스트립스 등 총 9개의 디지털 플랫폼에 각각 다른 이야기를 제작하였다. 훌루 사이트에서 드라마를 시청한 유저들은 웹사이트로 옮겨와서 나머지 콘텐츠를 접한다.

그 중, 'Ceci's VLOG'는 ELH 캐릭터 중의 한 명인 쎄시(Ceci)가 10대에 임신을 하게 되면서 임신-출산-양육의 경험을 온라인 비디오로 보여준다. 라티노 청소년 3명 중 1명이 20세 이전에 임신 경험이 있다는 사실을 바탕으로 하기 때문에 쎄시의 VLOG는 라티노 청소년에게 청소년기 임신의 의미와 책임감 있는 양육이 무엇인지를 보여준다. 방식은

19 엔터테인먼트 교육 분야에서 탁월한 버몬트 기반 비영리 단체.

쎄시의 VLOG(좌: ELH 웹사이트, 우: ELH 인스타그램)

현재 MCN의 1인 BJ들이 방송하는 것과 유사하게 쎄시가 카메라를 향해서 자신이 임신하게 되었다는 것, 배가 점점 불러오고 있다는 것, 그리고 출산했고, 지금 이만큼 아이가 컸다는 이야기를 들려준다. 쎄시의 VLOG는 ELH 웹사이트뿐만 아니라 페이스북, 인스타그램에도 탑재되어 수많은 사람들이 댓글로 자신의 생각을 표현한다.

또한 쎄시의 경험뿐만 아니라 10대 임산부나 미혼모에게 도움이 될 수 있는 단체를 소개하여 원조를 받을 수 있는 창구를 제공[20]하기도 한다. 왜냐하면 라티노 사춘기 자녀를 가진 부모 대부분이 빈곤하고, 저학력에다가 공중보건에 대한 정보 습득이 낮아서 라티노 청소년의 성과 건강에 대한 정보를 지속적으로 제공받지 못하면 자녀에게까지 대물림되기 때문이다. 이런 의미에서 ELH가 제공하는 쎄시의 VLOG는 부모에서 자녀로 내려오는 하향식 성과 건강 교육이 아니라 청소년이 직접 교육을 받을 수 있게 했다는 점에서 의의를 찾을 수 있다. 쎄시가 영상으로 전달하는 방법은 대부분의 성교육강사가 하는 '가르치는' 방식이 아니라 자신의 경험을 '나누는' 방식을 취하기 때문에 10대 라티노에게 실질적으로 친근하게 다가오는 강점이 있다.

다음으로 'Ask Paulie'는 쎄시처럼 ELH의 등장인물 중 한 사람이지만 메인 드라마에서는 큰 영향력이 없는 폴리가 이 플랫폼에서는 주인공이 되어 10대들의 성 문제와 그에 따른 고민을 도와주는 역할을 한

20 예) California Latinos for Reproductive Justice. 어린 부모로 구성된 라틴계 가족을 지원하기 위한 단체.

Ask Paulie

다. 폴리 혼자서 10대들의 질문에 답하는 것이 아니라 거리에 나가서 또래에게 질문하거나 출연 배우들과 함께 성관련 이야기를 나누기도 하고, 성문제 전문가를 찾아가서 명쾌한 답을 얻기도 한다. 드라마상 폴리의 성격은 수다스럽고 쾌활한데 그러한 캐릭터성을 그대로 살려서 성과 관련한 고민을 가볍고 유쾌하게 전달하여 청소년의 성 고민을 수면 위로 끌어올리는 역할을 한다.

또한 등장인물 바네사가 이야기하는 'HI-V(Hi, Vanessa와 HIV의 이중 의미)'는 '웹에서 가장 긍정적인 쇼(the most positive on the web)'라는 부제가 붙어 있다. 극중에서 후천성 면역 결핍증 HIV 보균자로 나오는 바네사가 어떻게 살아가고 있고, 어디에서 도움을 받고 있는지를 동영상과 자막[21]으로 보여주는 VLOG이다. 이 동영상을 통해 HIV를 가지고도 정상적인 생활을 할 수 있고, 결코 절망할 것이 아니라는 것을 보여준다.

이 외에도 이스트 로스 고등학교의 온라인 신문인 사이렌(The Siren)은 ELH 등장인물들이 작성한 짧은 기사, 인터뷰 기사, 칼럼, 가십거리

---

21 https://sexetc.org/?utm_source=elh&utm_medium=web&utm_campaign=elh%20resource

HI-V

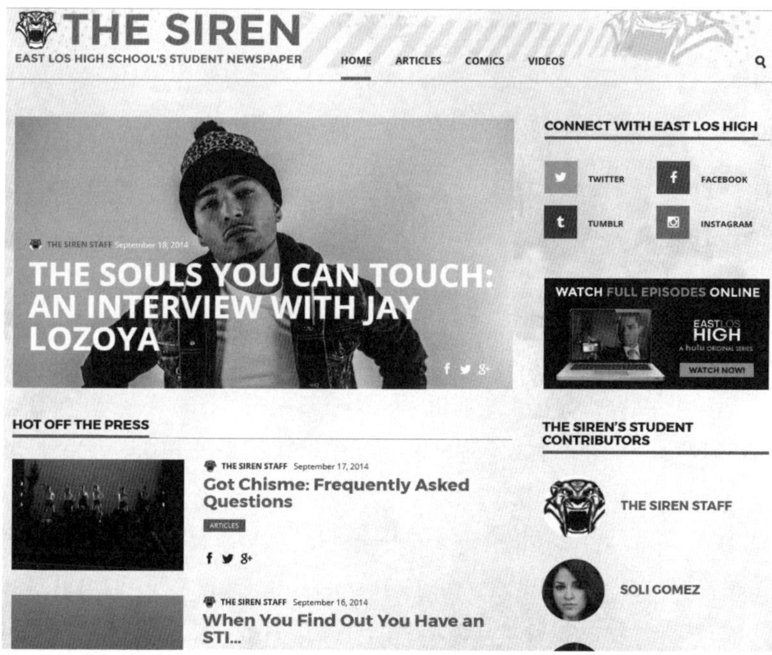


THE SIREN

등을 텍스트 중심의 기사·만화·동영상으로 다루고 있다. 이 신문은 10대 라티노에 대한 다른 인종들의 비난에 직접 만든 저널을 통해서 적극적으로 대항하고, 스스로 해결책을 찾겠다는 의지를 보여주는 미디어이다.

## 결론

요컨대, ELH는 좁은 지역에 국한된 라티노계 미국인을 대상으로 하는 지오 에스닉 스토리텔링(Geo ethnic storytelling)을 통해 동부 로스앤젤레스 라틴계 청소년에 대한 인식을 재정의하기 위해 가상의 서사의 힘을 사용하는 트랜스미디어 에듀테인먼트 프로젝트이다. 제작자와 출연자가 모두 라티노들이어서 그들이 처한 문제를 예전부터 지금까지 누구보다도 잘 알고 있어 집단 역동성을 발휘하기에 용이하다는 점, 다양한 미디어로 분기되는 트랜스미디어 스토리텔링 방식이 10대 라티노의 문제를 해결하는데 도움이 된다는 것을 알고 있다는 점은 외부적으로는 많은 시청자가 ELH에 매력을 느끼고 라티노에 관한 인식을 재고하는데 큰 도움이 된다는 장점이 있다. 내부적으로는 라티노 10대들로 하여금 그들이 처한 문제를 도와주는 단체에 능동적으로 참여케 한다. 또한 엔터테인먼트 방식과 에듀테인먼트 방식의 적절한 조화는 어둡고 우울한 에스닉 미디어가 아닌 재미있고 유쾌하면서 긍정적인 에스닉 미디어라는 인식의 전환도 가져왔다. 이러한 요인들로 인해 ELH는 많은 시청자를 축적해 왔고, 다음 시즌에 대한 기대가 높다.

사회적으로 소외되거나 부정적인 인식에 있는 집단이 집단 역동성을 가지고, 여러 미디어 형식, 플랫폼 및 장르를 사용하는 것은 비록 이 방식이 주류 상업 엔터테인먼트에서 출발하고 그 공식을 따르고 있지만 엔터테인먼트와 교육을 적절히 조화시켜 보다 진보적이고 문화적으로 민감한 대안을 만들어냈다. ELH는 동부 로스앤젤레스 인구의 다수를 차지하는 라티노 십대 청소년들의 문화적 관습에 접근하기 위해 가상의 학교를 설정하고, 라티노가 좋아하는 텔레노벨라 장르를 사용하여 지역의 색채를 고수하였다. 대부분의 미디어에서 소수인종이나 민족을 다루는 방식은 외부에 대한 동화나 저항에 가까운데 ELH는 라티노 내부의 대화를 만들고, 일방적인 저항이 아니라 외부관련기관의 도움을 통해 어떻게 10대 라티노의 문제를 해결할 수 있는가에 초점을 두었다. 즉, 가상 공간에 있는 캐릭터들이 실제 공간에 살고 있는 10대 라티노들에게 솔루션을 제공하는 것이고 여기에서 에스닉 미디어는 양 공간을 연결하는 가교 역할을 한다. 이것은 에스닉으로서의 삶의 포기가 아니라 자생력을 갖추기 위한 긍정적인 수단으로 여겨진다.

우리는 심각한 것은 심각하게 다뤄야 하고 잠깐이라도 재미있게 다루면 중요한 문제를 희화화했다고 비난하기도 한다. 그러나 달리 생각하면 다루는 방식이 무겁고 어두워서 문제에로의 접근을 도외시하는 것은 아닌가 생각해 볼 필요가 있다. 비록 ELH가 라티노 10대의 성과 건강 문제라는 다소 지엽적인 부분을 다뤘기 때문에 이 정도로 라티노 에스닉에 대한 인식이 좋아질 수 있을까하는 의문이 생길 수도 있다. 그러나 오늘날 응당 가지게 되는 디지털 시민권을 행사하여 소극적인 수용자의 입장이거나 시위 등의 외부적 저항의 방법보다는 적극적 생산자의 입장에서 내부적 고민과 해결의 방법으로 에스닉 미디어를 활용했다는 것은 라티노 에스니시티의 확립뿐만 아니라 다른 소수 민족의 정체성 확립을 위해서도 적용해 볼 만하다는 여지를 남긴다.

# 참고문헌


권경인, 「집단상담에서 집단역동의 이해와 활용」, 『가족과 상담』 제1권 제1호, 2011.

송기도, 「미국 최대의 소수 인종 히스패닉」, 『인물과 사상』 제65호, 2003.

이성훈, 「경계의 정체성: 라티노 연구를 위한 시론」, 『외국문학연구』 제20호, 2005.

이연옥 외, 「다문화 사회에서의 에스닉 미디어의 역할」, 『민족연구』 제58호, 2014.

Appiah, O., "Black, White, Hispanic, and Asian American adolescents responses to culturally embedded ads", *Howard Journal of Communication*, 12(1), 2001.

______, "Black and White viewers' perception and recall of occupational characters on television", *Journal of Communication*, 52(4), 2002.

Cunningham, H., "Nations rebound?: Crossing borders in a gated glove", *Identities: Global Studies in Culture and Power*, 11, 2004.

Daft, R. L., and Steers, R. M., *Organization: A Micro Approach*, Fores Man and Company, 1986.

Duncan, W. D., *Organizational Behavior*, New Jersey: Houghton Mufflin, 1981.

Fujioka, Y., "Black media images as a perceived threat to African American ethnic identity: Coping responses, perceived public perception, and attitudes towards affirmative action", *Journal of Broadcasting & Electronic Media*, 49(4), 2005.

Harp, D. and Bachmann, I. and Guo, L., "The whole online world is watching: Profiling social networking sites and activists in China, Latin America, and the United States", *International Journal of Communication*, 6, 2012.

Murray, C. and Yu, S. and Ahadi, D., "Cultural diversity and ethnic media in BC", *Canadian Heritage Western Regional Office,* NO.45193670, 2007.

Nobles, Melissa, "History Counts: a Comparative Analysis of Racial/Color Categorization in US and Brazilian Censuses", *American Journal of Public Health*, 90(11), 2000.

Sreberny, A., "Not only But Also: Mixedness and media", *Journal of Ethnic and Migration Studies*, 31(3), 2005.

U.S. Census Bureau, "U.S. Interim Projections by Age, Sex, Race, and Hispanic Origin", 2010.

U.S. Census Bureau, "2010 Census Interactive Population Search: CA East Los Angeles CDP", 2010.

# 9

# 게임 속 가상공간의 에스닉 이미지

## - 1980년대 일본 게임을 중심으로

유제상

**게임 속 가상공간 : '물리적 속성'에서 '의미와 상징의 포괄'로의 변모**

게임 속 공간은 플레이어가 조작하는 캐릭터의 활동무대로서 가상공간(virtual space)의 특징을 지닌다. 이러한 가상공간은 '텍스트 기반(text-based)'에서 '묶인 공간(wraparound space)'으로, 묶인 공간에서 '하나의 축 또는 두 개의 축으로 스크롤하는 공간(spaces that scrolling one or two axes)'으로 발전하였으며, 1980년대 후반을 기점으로 다중 백그라운드 레이어 스크롤(scrolling with multiple background layers) 공간으로 변화한다.[1] 게임 속 가상공간은 현실세계에서 쉽게 볼 수 없는 것을 보여준다는 점에서 의미가 있다. 게임 그래픽은 날이 갈수록 정교해지고 있으며, 게임이 지니는 고유의 특징 중 하나인 상호작용성(interactivity)과 결합하며 플레이어에게 최면상태에 가까운 강렬한 몰입(immersion)을 이끌어낸다.[2]

우리는 몰입을 이끌어내는 동시대의 사례를 쉽게 떠올릴 수 있다. VR(Virtual Reality)과 AR(Augmented Reality) 기술이 발전하면서 최근에는 가장 발전된 형태의 게임 속 공간을 접할 기회가 많아졌다. 그러나 영화나 TV 드라마를 위시로 한 과거의 콘텐츠가 그러하듯이, 게임 속 공간의 발전은 한 순간에 벌어진 일이 아니다. 이는 게임이 세상에 선보인 이래로 지속적으로 진행되어온 일이다. 특히 게임 속 공간에 대한 묘사는 1980년대에 급속도로 발전했다.

1980년대는 게임사에 있어서 기념비적인 일들이 많이 일어났다. 가정용으로는 1983년 패밀리 컴퓨터(ファミリーコンピュータ)가 발매되었고, 업소용으로는 〈팩맨〉(Pac-Man, 1980), 〈갤러가〉(ギャラガ, 1981), 〈제비우스〉(ゼビウス, 1983), 〈그라디우스〉(グラディウス, 1985), 〈버블보블〉(バブルボブル, 1986), 〈더블 드래곤〉(双截龍 1987) 등이 발표되

1 Friedrich von Borries, Steffen P. Walz & Matthias Böttge, *Space Time Play: Computer Games, Architecture and Urbanism: The Next Level*, Springer Science & Business Media, 2007, pp.26~27.

2 제이 데이비드 볼터·리처드 그루신, 『재매개: 뉴미디어의 계보학』, 이재현 옮김, 커뮤니케이션북스, 2006, 109쪽.

어 큰 인기를 모았다. 이들은 현실세계에서 보기 힘든 공간을 게임 속 시각이미지로 제시한 초기의 사례라는 점에서 의미가 있다.

1970년대까지 지속되어온 빈약한 게임 속 가상공간의 묘사는 1980년대 이미지 표현기술의 발달과 더불어 비약적으로 향상된다. 이러한 향상은 게임 속 공간의 범주를 넓혀 본래 자주 등장하던 우주 공간뿐만 아니라 판타지 세계 등지로 게임 속 가상공간의 영역을 확장한다. 우주 공간을 다룬 〈갤러가〉, 〈제비우스〉, 그리고 판타지 세계를 다룬 〈블랙 드래곤〉(ブラックドラゴン, 1987), 〈마계촌〉(魔界村, 1985), 〈대마계촌〉(大魔界村, 1988), 〈수왕기〉(獣王記, 1988), 〈골든액스〉(ゴールデンアックス, 1989) 등이 이 시기를 대표하는 게임이다. 이처럼 게임 속 가상공간은 끝없이 확장되었으며, 모방의 대상도 이미지 표현 기술의 발달과 함께 늘어났다.

흥미로운 점은 1980년대부터 게임 속에서 이국적인 느낌을 주는 에스닉 이미지(ethnic images)가 증가하기 시작했다는 것이다. 게임은 관광과 영화의 뒤를 잇는 엔터테인먼트의 일종으로, 게임 플레이어는 관광의 관광객과 영화의 관객이 그러하듯이 평소에 누리지 못한 '새로운 체험'을 경험하길 원한다. 이러한 게임 플레이어의 욕구를 충족시켜주기 위해 등장한 것이 바로 게임 속 가상공간의 에스닉 이미지다. 일반적으로 에스닉 공간은 이주민들의 내셔널리티(nationality)로 인해 형성된 특정한 지역의 지역성(locality)을 두드러지게 하는 특징을 지닌다.[3] 이러한 에스닉 공간의 특징이 게임에 재현되면서 플레이어는 공간과 관련된 시각 이미지에 대해 기존에 경험해보지 못한 색다른 느낌을 받는다.

1980년대 초반에 등장한 게임들은 1970년대에 비해 그래픽은 비약적으로 향상되었으나 개발자의 경험 부족으로 인해 에스닉 공간을 재현하기에는 아직 역부족이었다. 이 시기 시각문화의 형태로 에스닉 공간

3 Léo-Paul Dana, *Handbook of Research on Ethnic Minority Entrepreneurship: A Co-evolutionary View on Resource Management*, Edward Elgar Publishing, 2007, p.375.

을 재현하는 것은 주로 영화와 TV 프로그램의 몫이었다. 이러한 게임의 한계를 뛰어넘어 에스닉 공간을 재현하는 기념지적인 역할을 한 것이 캡콤에서 발매된 〈스트리트 파이터〉(ストリートファイター, 1987)와 〈파이널 파이트〉(ファイナルファイト, 1989)다. 〈스트리트 파이터〉는 강자를 찾아 세계를 떠도는 격투가의 여정을 담고 있다. 그리고 게임 속 가상공간은 각국의 에스닉 이미지로 점철되어 있다. 〈파이널 파이트〉는 뉴욕을 모방한 '메트로 시티(Metro city)'를 공간적 배경으로 삼는다. 액션 영화의 주요 장면을 재현한 〈파이널 파이트〉의 게임 속 가상공간은 현대문화의 균질화(homogenization)에 앞장선 것으로 평가되는 미국이 아이러니하게도 대중문화의 에스닉 공간으로 활용될 수 있음을 보여준다.

## 가상공간 속 에스닉 이미지의 특징

에스닉 공간은 주로 비즈니스 연구에서 다루어졌다. 영국 내 동남아인들의 비즈니스를 다룬 데이비드 H. 캐플런(David H. Kaplan)에 따르면 에스닉 공간은 지역 에스닉 공간(local ethnic space), 지역 비-에스닉 공간(local non-ethnic space), 에스닉 비-지역 공간(ethnic non-local space), 비-지역 비-에스닉 공간(non-local non-ethnic space)의 네 가지로 나뉜다. 여기서 중요한 것은 지역성으로, 지역성은 이주민이 형성하는 에스닉성(性)과 때로는 합치하거나 때로는 불일치하면서 공간의 특성을 형성한다. 캐플런에 따르면, 지역 에스닉 공간에서의 에스닉 노동자는 같은 민족인 고객의 요구를 만족시키는 일을 수행하지만, 지역 비-에스닉 공간에서의 에스닉 노동자는 메이저 인구에 대한 마이너리티 역할을 수행한다.[4] 이를 통해 우리는 지역성과 에스닉성의 상관관계를 알 수 있다. 양자가 일치

4 David H. Kaplan, *Landscapes of the Ethnic Economy*, Rowman & Littlefield Publishers, 2006, p.203.

하는 경우 지역성과 에스닉성은 '하나의 지역성'으로 갈무리된다. 그러나 양자가 불일치하는 경우 에스닉성은 지역성과 대립하는 마이너 문화로 전락한다. 따라서 에스닉성은 지역성을 대표하는 특성이 아니며, 오히려 여러 상황에 따라서 글로벌리티의 소수문화인 지역성에 대한 마이너리티 역할을 수행하는 형태로 그 층위가 나뉘게 된다.

게임 속 가상공간은 이러한 층위에서 지역성과 에스닉성이 일치하면서 지역성의 이국적인 성격이 강화되는 모양새를 띤다. 세계가 정보화 사회로의 진행이 가속화되면서 나타난 새로운 국면은, 획일화된 대량생산적인 사고에서 벗어나 특수한 지리적 위치와 각기 다른 문화를 보이는 것이었다. 이러한 현상이 현저해지기 시작한 것이 바로 1980년대 초이다. 이후 30여 년이 지나면서 지역성과 에스닉성의 일치를 원하는 수용자의 회귀본능은 대중문화를 중심으로 민족 특유의 전통과 문화를 다시 발전시키는 경향으로 나아가고 있다.[5]

이러한 경향의 시작을 잘 보여주는 것이 1980년대 세계적인 게임 생산의 주체인 일본이다. 1980년대 만들어진 게임에 사용된 에스닉 이미지는 미국·중남미 등 해외수출을 염두에 두면서도, 한편으로는 일본 내 플레이어에게 색다른 즐거움을 제공해주는 역할을 하였다. 당시 게임 속 에스닉 이미지는 할리우드 영화의 공간 이미지를 구현한 것이 많았으며, 이와 반대로 일본 내 공간 이미지를 구현한 예는 많지 않았다. 일례로 SNK에서 발매한 〈버닝 파이터〉(バーニングファイト)는 〈파이널 파이트〉와 같은 진행형 액션게임(Belt Scroll Action Game)으로 오사카(大阪)시의 공간 이미지를 구현한 것으로 유명하다. 그러나 이 게임이 발매된 시기는 1991년으로, 이는 1990년대가 되어서야 일본 내 공간 이미지를 배경으로 한 게임이 등장하게 되었음을 보여준다.

일본 게임의 입장에서 수출시장과 내수시장을 모두 만족시킬 수 있는

5 우지연, 「디자인 컨셉(design concept)으로서 에스닉 컬러(ethnic color)의 활용가능성에 대한 연구: 공간 디자인 사례를 중심으로」, 『한국색채학회논문집』 19권 2호, 2005, 38쪽.

가상공간 속 에스닉 이미지의 대표적인 예는 '미국의 공간 이미지'였다. 1980년대는 영화뿐만 아니라 사회 전 분야에 걸쳐 미국의 대중문화가 전 세계적으로 강세를 보이던 시기였다. 이는 일본에 있어서도 예외가 아니었다. 일례로 1977년부터 1998년까지 방영되며 일본에서 큰 인기를 모은 퀴즈 프로그램인 〈아메리카 횡단 울트라 퀴즈〉(アメリカ横断ウルトラクイズ)의 경우, 아나운서 출신의 진행자인 후쿠도메 이사오(福留功男)가 "모두들! 뉴욕에 가고 싶은가!(みんな!ニューヨークへ行きたいかーっ!)"라는 전설적인 슬로건을 남겼다. 이후 이 슬로건은 일본의 영화·드라마·만화·애니메이션과 TV 프로그램에서 패러디되며 하나의 문화적 요소로 자리 잡게 된다. 이는 당시 일본 대중의 미국에 대한 동경을 드러내는 단적인 사례이다.

또한 이 시기에는 특정한 민족·지역·국가 등이 외부의 인원으로부터 관심을 받게 되어 미디어 노출과 상품화 과정을 거치는 '문화적 재현(cultural representation)'이 성행한다. 이는 미디어의 발달이 각국을 하나의 지역문화콘텐츠 소재로 다루게 되었음을 의미한다. 특히 문화적 재현의 일종인 '관광적 재현(tourism representation)'은 각국의 본래적 특성을 드러내기보다는, 잠재적 소비자의 상상력 및 기대에 부응하고 상업적 필요성을 충족시키기 위하여 다소 과장되고 왜곡된 이미지를 형성한다.[6] 이러한 문화적 재현과 관광적 재현의 특징을 통해 우리는 1980년대 게임 속 가상공간의 에스닉 이미지가 현실을 충실히 반영하기보다는 수용자인 플레이어의 선입견에 맞춰 재구성되어있음을 짐작할 수 있다. 이후 3장에서 분석할 〈스트리트 파이터〉는 플레이어의 선입견에 맞춰 재구성된 가상공간 속 에스닉 이미지의 사례 중 하나다.

6 심창섭·강형철, 「관광자원으로서 에스닉타운에 관한 개념적 고찰」, 『관광연구논총』 제29권 제1호, 2017, 13쪽.

## 과장되고 왜곡된 이미지의 재현인가, 대중문화 속 도시공간의 구현인가

리민 히(Limin Hee)에 따르면 에스닉 그룹 내 문화적 관습에 따른 의식은 공적 공간 내 커뮤니티의 멤버들에 의해서 제정된다고 한다. 그들은 공통의 정체성을 창조하기 위해, 그들의 에스닉 공간에 대한 지역성과 더불어 '내부자(insiders)'와 '외부자(outsiders)' 개념을 만들어낸다. 이는 유동적으로 그룹이든 개인이든 커뮤니티의 멤버들에 의해서 내부자가 될 수도 있고 외부자가 될 수도 있다. 이러한 내부자와 외부자의 정체성 인식 아래 에스닉 공간은 '앞의 공간(front space)'과 '뒤의 공간(back space)'으로 구분된다. 이때 앞의 공간은 에스닉 그룹에 의해 제정된 명백히 문화적이고 행동규범적인 공간이다. 반면에 뒤의 공간은 문화와 행동규범에 저항하는 공간이다. 앞의 공간은 공적인 역할을 수행하는 중심부이며, 뒤의 공간은 주변부로 규정된다.[7]

전술한 에스닉 공간의 규정을 통해 우리는 몇 가지 사실을 확인할 수 있다. 우선 에스닉 그룹이 공간을 규정하는데 있어서 정체성 개념이 강하게 작용한다는 것이다. 이들은 공간을 공유하는 자들을 경우에 따라서 내부자 혹은 외부자로 규정한다. 그리고 이에 대한 정의는 유동적이다. 또한 에스닉 공간은 공적인 역할을 수행하는 앞의 공간과 이에 반대되는 뒤의 공간으로 규정된다. 본 연구는 전자의 정체성 개념을 따라 지역의 에스닉 이미지로 가상공간을 구성한 〈스트리트 파이터〉를 살펴보게 될 것이다. 또한 후자의 에스닉 공간 개념에 따라 뒤의 공간에 해당되는 슬럼(slum)과 유흥가를 주로 다룬 〈파이널 파이트〉를 살펴보게 될 것이다. 이는 외부자의 시선으로 뉴욕이라는 세계문화의 중심지를 에스닉으로 '타자화(othering)'하는 일본문화의 특징을 반영한다.

---

7 Limin Hee, *Constructing Singapore Public Space*, Springer, 2016, p.162.

## 〈스트리트 파이터〉의 가상공간 속 에스닉 이미지

먼저 〈스트리트 파이터〉의 가상공간 속 에스닉 이미지를 분석하면 다음과 같다. 이 게임은 캐릭터간 일대일 대견이 주가 되는 대전액션게임(Fighting Game)의 형태를 띤다. 게임 속 공간 이미지를 살펴보면 다음과 같다. 처음 〈스트리트 파이터〉를 시작하면 타이틀 화면으로 그래피티(graffiti)가 그려진 벽이 등장한다. 이후 남성 캐릭터가 등장하여 이 벽을 부수고, 타이틀이 등장하며 게임이 시작된다. 그래피티와 벽은 서구적인 공간 이미지로, 특히 이 게임의 주된 수출 대상이 되는 지역인 미국의 문화를 상징한다. 게임은 일본·미국·중국·영국·태국의 다섯 나라를 떠돌며 진행되는데, 국가별로 두 명의 캐릭터가 있어 총 열 개의 공간 이미지가 존재한다. 아래 표는 각 스테이지의 에스닉 이미지를 정리한 것으로 이들이 어떠한 특징을 지니는지 확인할 수 있다.

〈스트리트 파이터〉의 스테이지별 에스닉 이미지

| 지역 | 캐릭터 | 에스닉 이미지의 특징 |
|---|---|---|
| 일본 | 레츠 | 절의 내부, 화면 우측 끝에 단풍나무가 보이는 배경 |
| | 게키 | 후지산이 보이는 호숫가, 화면 좌측 끝에 소나무가 보이는 배경 |
| 미국 | 조 | 선로 위에 열차들이 서 있고 멀리 마천루가 보이는 배경 |
| | 마이크 | 대통령들의 얼굴이 조각된 '러시모어 산(Mount Rushmore)'이 배경 |
| 중국 | 리 | 만리장성이 배경 |
| | 겐 | 환전상이 즐비한 밤거리가 배경 |
| 영국 | 버디 | 유럽의 거리가 배경 |
| | 이글 | 성이 보이는 호숫가 배경 |
| 태국 | 아돈 | 불상이 배경 |
| | 사가트 | 태국식 사원이 배경 |

위의 표에서 정리한 스테이지별 에스닉 이미지 외에도 보너스 스테이지는 동양의 사찰(寺刹)과 호랑이 그림이 그려진 도장의 내부를 다루고 있으며, 고득점자의 이름을 입력하는 화면에서는 화면 좌우로 호랑이 이미지가 있는 등 〈스트리트 파이터〉에서는 오리엔탈리즘(orientalism)이 느껴지는 시각 이미지가 다수 존재한다. 이는 타이틀 화면의 시각 이미지나 스테이지별 에스닉 이미지와 뒤섞여 혼종문화(hybrid culture)의 분위기를 낸다.

각 스테이지가 선보이는 에스닉 이미지는 나라별로 지니는 독특한 시각적 특징을 대표한다. 이는 해당 에스닉 이미지를 선보이는 지역이나 민족을 대변해주는 역할을 한다. 특정 지역이 지니는 자연경관이나 기후가 보여주는 색, 그 곳에 거주하는 민족의 색채의식이나 전통 봉식, 음식·건축물·공예·종교·축제 등에서 보이는 색은 하나의 시각 이미지적 패턴을 만들어낸다. 따라서 에스닉 이미지는 그 민족의 모든 것을 포괄하는 문화코드(culture code)로서의 특징을 지닌다.[8]

물론 〈스트리트 파이터〉의 에스닉 이미지가 각국의 현실 그 자체를 보여주는 것은 아니다. 이는 타자화의 대표적인 형태인 관광적 재현의 일종으로, 서구 관광사업과 미디어에 묘사된 제3세계의 공간 이미지와 유사하다. 이러한 관광적 재현은 개별 지역의 특수성은 무시되고, 서구의 물리적이고 문화적인 환경과는 구분되는 이국적 이미지만이 강조되는 경우가 많다.[9] 1980년대는 미디어에 의한 관광적 재현이 그 이전보다 양적·질적으로 크게 증가한 시기였으며, 각국을 실제로 경험한 사람이 오늘날처럼 많지 않음을 감안할 때 〈스트리트 파이터〉 내에 관광적 재현에 의한 에스닉 이미지가 등장하는 이유를 짐작할 수 있다.

관광적 재현이 지니는 한계는 후속작이자 시리즈의 명성을 크게 높인 〈스트리트 파이터 II〉(ストリートファイターII, 1991)에서 개선된다. 이 게임에서 플레이어가 접하는 스테이지는 총 12개로 이에 걸맞게 에

8 우지연, *op. cit.*, 2005, 38쪽.
9 심창섭·강형철, *op. cit.*, 2017, 13~14쪽.

스닉 이미지도 늘어났으며, 관광지의 특징을 띠는 랜드마크의 재현은 크게 줄었다. 오히려 제목에 걸맞게 각국의 '거리(street)' 이미지를 재현하는데 힘을 기울이는데 이는 식육점이 보이고 자전거를 타고 지나가는 사람이 배경에 존재하는 중국 스테이지에서 특히 두드러진다. 〈스트리트 파이터 II〉가 선보인 변화는 동 제작사의 게임인 〈파이널 파이트〉의 영향을 받은 것으로 사료되며, 〈아랑전설 2〉(餓狼伝説2, 1992)와 같이 〈스트리트 파이터 II〉의 직접적인 영향력 아래 있는 게임과도 공간 이미지의 특징을 공유한다.

### 〈파이널 파이트〉의 가상공간 속 에스닉 이미지

다음으로 〈파이널 파이트〉의 가상공간 속 에스닉 이미지를 분석하면 다음과 같다. 이 게임은 뉴욕을 모방한 가상의 도시인 메트로 시티를 무대로 삼는다. 따라서 게임 속 가상공간은 뉴욕의 특징적인 요소들이 잘 살아있는데, 각 스테이지가 뉴욕의 상징물인 슬럼가(SLUM), 지하철(SUBWAY), 유흥가(WESTSIDE), 공장(INDUSTRIAL AREA), 해변 공원(BAY AREA), 번화가(UPTOWN) 등으로 구분되는 것이 이를 증명한다. 다음 표는 이러한 〈파이널 파이트〉의 스테이지별 에스닉 이미지를 분석하여 정리한 것이다.

〈파이널 파이트〉의 스테이지 별 에스닉 이미지

| 구분 | 스테이지 명 | 에스닉 이미지의 특징 |
|---|---|---|
| 스테이지1 | 슬럼가 | 폐건물과 드럼통, 폐타이어가 있는 슬럼가가 배경 |
| 스테이지2 | 지하철 | 낙서투성이의 지하철이 배경 |
| 스테이지3 | 유흥가 | 웨스트사이드를 본뜬 유흥가가 배경 |
| 스테이지4 | 공장 | 불길이 솟아오르는 공장 내부가 배경 |
| 스테이지5 | 해변 공원 | 마천루가 보이는 해변 공원이 배경 |
| 스테이지6 | 번화가 | 번화가와 고급 빌딩의 건물 내부가 배경 |

〈파이널 파이트〉는 진행형 액션게임의 시초라 할 수 있는 〈더블 드래곤〉의 영향을 받았음에도 불구하고, 다른 유사작들과 차별화되는 간편한 조작과 세밀한 그래픽을 앞세워 인기를 얻었다. 이 게임의 공간 속 에스닉 이미지로 뉴욕을 연상시키는 '도시 이미지(city image)'를 들 수 있다. 여기서 도시 이미지란 도시의 건물과 가로(街路)를 포함하여 도시가 지니는 전체적인 시각 이미지적 특징을 의미한다.[10] 도시 속 에스닉은 공간 이미지를 통해 사람들의 기억과 공간에 대한 관념이 생성되도록 돕는다. 이는 곧 도시의 정체성 확보에도 영향을 미친다.[11]

도시 경관에 큰 영향을 미치는 것은 용적률(容積率)이 큰 건물의 이미지다. 이때 건물 이미지는 개별적인 건물의 시각 이미지보다 하나의 단위와 군집을 이루는 집합체로서의 그것을 의미한다. 〈타이널 파이트〉의 건물 이미지는 공적인 '앞의 공간'에서는 화려하지만(스테이지3, 5, 6) '뒤의 공간'에서는 어두컴컴하고 위험한 이미지를 지닌다(스테이지1, 2, 4). 한편, 도시의 에스닉 이미지에는 건물 이미지 외에도 조형물의 이미지, 운송수단의 이미지, 버스정류소, 간판, 광고, 공중전화박스, 가로등, 휴지통, 벤치 등 거리 비품(street furniture)의 배색이 포함된다.[12] 〈파이널 파이트〉에 공중전화박스, 드럼통, 나무박스 등의 거리 비품이 자주 등장하는 것도 이런 이유로, 이들은 정돈되지 않은 도시의 이미지 형성에 영향을 미치지만 파괴하면 플레이어를 돕는 아이템이 나오는 양가적(兩價的) 역할을 수행한다.

10 우지연, *op. cit.*, 40쪽.
11 문선욱·서도원, *op. cit.*, 41쪽.
12 우지연, *op. cit.*, 40쪽.

**재현에서 재매개로의 이행**

앞서 우리는 1980년대 일본 게임의 가상공간 속 에스닉 이미지를 분석하였다. 이들은 〈스트리트 파이터〉의 경우처럼 관광적 재현의 이미지이거나, 〈파이널 파이트〉의 경우처럼 대중문화 속 도시공간의 구현이었다. 이러한 게임 속 가상공간의 에스닉 이미지가 지니는 의미를 간략히 요약하면 다음의 셋과 같다.

첫째는 에스닉 이미지가 반드시 실제 공간의 이미지를 그대로 반영한 것은 아니며, 특히 1980년대 일본게임 속 가상공간은 제1세계에 속하는 일본인의 에스닉 공간에 대한 선입견을 반영했다는 것이다. 본래 에스닉 이미지는 비서구화된 나라의 문화적 양식과 순수성을 발췌하여 획일화되지 않은 이미지가 지니는 자유로움을 취화고 활용하는 것이다.[13] 그러나 이는 앞서 〈스트리트 파이터〉의 예에서 살펴보았듯이 관광적 재현에 그치는 오류를 범할 수 있다.

에드워드 렐프(Edward Relph)에 따르면 인간의 장소경험을 구체적으로 설명하기 위해서는 '장소(place)'와 '장소상실(placelessness)' 그리고 '내부성(insideness)'과 '외부성(outsideness)'의 개념을 이해할 필요가 있다. 여기서 장소는 장소경험에 지역성이 반영된 공간을 의미하며, 장소상실은 장소에 반대되는 개념으로 장소경험에 지역성이 반영되지 못하는 경우를 의미한다. 또한 내부성은 친숙함·편안함·안전함 등의 경험과 관련된 장소경험을 의미하며, 외부성은 새로움·불편함·불안함 등의 경험과 관련된 장소경험을 의미한다.[14] 렐프는 내부성의 공간으로 고향의 집을, 외부성의 공간으로는 처음 방문한 장소를 예로 들었다.

렐프의 구분에 의거하면 1980년대 일본게임 속 가상공간은 지역성이 반영된 공간인 '장소'이자 새로움·불편함·불안함을 주는 '외부성의 공간'이다. 게임 속 가상공간은 일정한 지역성을 지니고 있으나 일본인을 위

13 *Ibid.*, 39~40쪽.

14 Edward Relph, *Place and placelessness*, Pion, 1976, p.40.

시로 한 당대의 사람들에게 익숙한 공간은 아니다. 특히 이러한 특징은 〈스트리트 파이터〉의 태국 스테이지에서 두드러진다. 게임 속 태국 스테이지는 불상이나 태국식 사원을 배경으로 삼는데, 이는 게임 플레이어에게 새로움·불편함·불안함을 불러오는 외부성의 공간이다. 다만 이러한 공간적 특징이 실제 공간의 이미지를 그대로 반영한 것은 아니며, 어디까지나 일본인의 에스닉 공간에 대한 선입견을 반영한 것이다.

둘째는 글로벌한 국가인 미국을 다룬 게임 속 가상공간이 에스닉 이미지의 특징 또한 지닌다는 점이다. 도시의 회색 이미지가 효과적으로 다룬 가상공간의 이미지가 에스닉 이미지를 잘 살린 결과물로 평가될 수 있다는 것이다. 도시 공동체는 어느 정도의 동질성이 확보된 농촌의 그것과 달리 이질적인 사람들이 모여 구성된다. 도시 구성원들의 다양성과 이들의 잦은 접촉은 도시 활력의 원천이 된다.[15] 그러나 다른 한편으로 도시는 그곳에서 생활하는 이들에게 결정적인 영향을 미치는 위계를 만들어낸다. 일례로 외국인 노동자가 다수 거주하는 안산·수원·부천 등의 지역을 들 수 있다. 이 지역은 서울 주변부라는 위계적 지역체계를 나타내며, 우리 사회와 연결되지 못한 채 각각의 언어와 문화를 유지함으로서 자국민에게 갈등과 혐오감, 위험과 낙후성, 공포를 전달하며 로컬=에스닉=주변부=타자적 공간으로 인식된다.[16]

이러한 '활력의 공간'이자 '타자적 공간'인 도시의 이중적인 특징은 미국을 다룬 게임 속 가상공간에서 잘 드러난다. 〈파이널 파이트〉는 공적인 '앞의 공간'의 시각 이미지와 이에 반대되는 '뒤의 공간'의 시각 이미지가 대비를 이룬다. '앞의 공간'에 해당되는 스테이지는 유흥가, 해변 공원, 번화가 등 화려한 지역의 에스닉 이미지를 다루지만, '뒤의 공간'에 해당되는 스테이지는 슬럼가, 지하철, 공장 등의 어두컴컴하고 위험한 이미지를 다룬다. 이는 주변부라는 위계적 지역체계를 시각 이미지의

15 손미경, 「문화플랫폼으로서 에스닉타운의 가능성과 새로운 정체성: 오사카 이쿠노 코리아타운을 중심으로」, 『한국민족문화』 58호, 2016, 46쪽.
16 이미림, 「유동하는 시대의 여행과 이주」, 『한어문교육』 제32집, 2015, 197쪽.

형태로 드러낸 것이다. 이러한 도시의 에스닉 이미지는 공중전화박스나 휴지통, 드럼통 등의 거리 비품과 결합하여 고유의 색채를 더한다.

셋째는 영화를 재매개하여 수용자가 에스닉한 공간을 방문하고 싶은 것을 대리만족시켜주었다는 점이다. 제이 데이비드 볼터(Jay David Bolter)와 리처드 그루신(Richard Grusin)이 자신의 책에서 밝힌 바와 같이 재매개는 '매개의 매개'다. 각 매개 행위는 다른 매개 행위에 의존한다. 미디어는 지속적으로 서로를 언급하고 서로를 재생산하며 서로를 대체한다. 이런 과정은 미디어의 절대적인 구성요소로, 미디어가 미디어로 기능하려면 서로를 필요로 한다.[17]

게임이 영화의 시각 이미지에 강하게 영향을 받았음은 주지의 사실이다. 이는 1980년대 게임에 있어서도 마찬가지이다. 일례로 아케이드에서 큰 인기를 얻은 액션게임 〈콘트라〉(魂斗羅, 1987)의 주역 캐릭터 중 빌 라이저는 영화 〈코만도〉(Commando, 1985)의 주역 배우인 아놀드 슈워제네거(Arnold Schwarzenegger)를 모방한 것이고, 랜스 빈은 영화 〈람보〉(First Blood, 1982, 1983)의 주역 배우인 실베스터 스탤론(Sylvester Stallone)에게서 영감을 얻은 것이다. 그리고 캡콤의 액션게임인 〈호랑이의 길〉(虎への道, 1987)은 당시 일본에서 유행했던 홍콩 권격(拳格) 영화의 영향을 받았다. 이와 마찬가지로 〈스트리트 파이터〉는 만화 원작으로 1977년 개봉한 영화 〈공수도 바보 일대〉(空手バカ一代)[18]에서 작품의 주요한 테마를 따왔으며, 〈파이널 파이트〉는 월터 힐(Walter Hill) 감독의 액션 영화 〈스트리트 오브 파이어〉(Streets Of Fire, 1984)에서 모티프를 취했다. 이처럼 게임은 영화를 재매개하여 시각 이미지를 구성하며, 이는 현재도 지속적으로 선보이는 게임 속 시각 이미지의 특징이다.

---

17 제이 데이비드 볼터·리처드 그루신, *op. cit.*, 65~66쪽.

18 이 영화는 1971년부터 1977년까지 연재된 카지와라 잇키(梶原一騎)의 만화를 원작으로 삼는다. 원작만화는 극진공수도(極眞空手道)의 창시자로 유명한 재일한국인 무도가인 최영의(오오야마 마스다츠, 大山倍達)의 일대기를 다루고 있다.

주목할 점은 이러한 게임의 재매개가 정체성의 문제를 호명한다는 것이다. 이는 대중문화의 정체성 문제와 밀접한 관계를 맺는다. 현대인은 정체성의 형성에 있어서 미디어에 의해 전달되는 늘어만 가는 '대량 정보'의 영향을 받게 된다.[19] 우리는 일반적으로 대중문화에 의해 문화의 균질화가 일어나며, 정체성 또한 이에 영향을 받아 좋지 않은 방향으로 귀결된다고 판단한다. 그러나 이는 반드시 옳은 판단이 아닐 수도 있다. 피터 버크(Peter Burke)가 언급했듯이 균질화의 논제를 지지하는 이들이 대개 편의점 음식, 음료나 공항 디자인과 같은 제한된 범위의 사례만 거론한다는 점은 분명 의미심장하다. 균질화주의자들은 앞서 언급된 수용의 창조성이나 의미의 재협상, 혹은 (사실상 차이가 없다하더라도 스스로의 정체성을 유지하기위해 타인과 자신이 다르다고 믿어버리는) "사소한 차이의 나르시시즘"이 지니는 중요성을 고려하지 않는 실수를 자주 범한다.[20]

따라서 대중문화의 재매개는 필연적으로 정체성의 문제를 불러일으키며 대부분의 시선은 대중문화가 문화의 균질화를 일으킨다는 쪽에 쏠려있음에도 현실은 그렇지 않다는 점을 기억할 필요가 있다. 게임 속 에스닉 이미지는 이에 대한 명백한 예시가 될 수 있다. 1980년대 게임 속 에스닉 이미지가 영화를 재매개한 것이며 여기에는 관광적 재현이나 도시의 '앞의 공간'과 '뒤의 공간'을 선보이는 등의 여러 담론들을 내포하고 있다. 그러나 분명한 것은 이것이 문화의 다양성을 보여주는 실제 사례일수는 있어도, 세계문화 혹은 그 뒤에 도사리고 있다는 의혹을 사는 미국문화 중심의 균질화를 보여주는 사례가 될 수는 없다. 이는 날이 갈수록 증가하는 제3세계의 게임 제작 사례[21]와 함께 문화의 균질

19 미셸 세르 외, 『정체성, 나는 누구인가』, 이효숙 옮김, 알마, 2013, 19쪽.
20 피터 버크, 『문화 혼종성』, 강상우 옮김, 이음, 2012, 161쪽.
21 소설을 원작으로 하여 원작 팬들에게 호평을 받은 1인칭 슈팅 게임인 〈메트로 2033〉(Метро 2033, 2010)의 제작사 4A 게임즈는 우크라이나에 위치해 있으며, 범죄를 다룬 액션 어드벤처 게임으로 세계적인 명성을 얻은 〈마피아〉(MAFIA) 시리즈의 제작사 일루전 소프트웍스는 체코에 있다. 일루

화를 거부하는 전 지구적 현상의 하나로 취급될 수 있다. 이제 정체성은 트랜스네이션즈(transnations) 혹은 원거리 민족주의(long distance nationalism)의 존재를 고려할 수밖에 없으며 대중문화 또한 이러한 흐름을 따르고 있다는 것이다.[22, 23]

전 소프트웍스는 이후 거대 게임기업인 2K 게임즈에 인수되어 2K 체코(2K CZECH)가 된다.

22 미셸 세르 외, *op. cit.,* 45쪽.

23 이 글은 『글로벌문화콘텐츠』, 제31호(143~158쪽)에 실린 것으로 본 도서의 주제와 편집방향에 맞추어 일부 수정하였음.

# 참고 문헌


김은혜, 「도쿄만 매립지의 경관과 표상: 1980~90년대 집합의식의 양가성」, 『일본학보』 제95호, 2013.

나카무라 토라아키, 「일본대중문화의 변동: 1980년대 이후를 중심으로」, 『한국사회학회 사회학대회 논문집』, 2014.

문선욱·서도원, 「서울 차이나타운 조성을 위한 도시디자인 가이드라인 연구」, 『서울도시연구』 제11권 제1호, 2010.

버크(P.), 『문화 혼종성』, 강상우 옮김, 이음, 2012.

볼터(J. D.), 그루신(R.), 『재매개: 뉴미디어의 계보학』, 이재현 옮김, 커뮤니케이션북스, 2006.

손미경, 「문화플랫폼으로서 에스닉타운의 가능성과 새로운 정체성: 오사카 이쿠노 코리아타운을 중심으로」, 『한국민족문화』 58호, 2016.

심창섭·강형철, 「관광자원으로서 에스닉타운에 관한 개념적 고찰」, 『관광연구논총』 제29권 제1호, 2017.

세르(M.) 외, 『정체성, 나는 누구인가』, 이효숙 옮김, 알마, 2013.

우지연, 「디자인 컨셉(design concept)으로서 에스닉 컬러(ethnic color)의 활용가능성에 대한 연구: 공간 디자인 사례를 중심으로」, 『한국색채학회논문집』 19권 2호, 2005.

이미림, 「유동하는 시대의 여행과 이주」, 『한어문교육』 제32집, 2015.

______, 「다문화 서사구조와 문학적 특징」, 『현대소설연구』 제61호, 2016.

Borries, F. V. and Steffen, p.W. and Böttge, M., *Space Time Play:*

*Computer Games, Architecture and Urbanism: The Next Level*, Springer Science & Business Media, 2007.

Dana, L. P., *Handbook of Research on Ethnic Minority Entrepreneurship: A Co-evolutionary View on Resource Management*, Edward Elgar Publishing, 2007.

Hee, L., *Constructing Singapore Public Space*, Springer, 2016.

Kaplan, D. H., *Landscapes of the Ethnic Economy*, Rowman & Littlefield Publishers, 2006.

Relph, E., *Place and placelessness*, Pion, 1976.

# 색인

ㅅ



ㅇ

### ㅊ



### ㅋ



### ㅌ

### ㅍ



### ㅎ

# 저자 약력

### 김기홍

경성대학교 글로컬문화학부 교수. 논문으로는 「창의성의 사회적 본성과 문화와의 관계에 대한 연구」, 「문화연구에서 빅데이터의 효용과 의미」, 「트랜스미디어 담론에 대한 집단 지성론적 고찰」, 「디지털 문화지도의 인식론적 함의」 등이 있다.

### 김성수

한국외국어대학교 문화콘텐츠학전공/철학과, 문화콘텐츠학융합전공 외래교수. 저서로는 『글로컬문화콘텐츠 전략』, 『비주얼컬쳐 시대의 이해』 등이 있으며, 논문으로는 「나니아 연대기의 상징성」 등이 있다.

### 김소영

한국외국어대학교 외래교수. 주요 논문으로는 「레비나스의 타자 윤리학으로 바라본 <인 어 베러 월드>」, 「예술의 하이브리드, 트랜스아이덴티티를 말하다: '오를랑 테크노바디'를 중심으로」, 「R. 바그너의 <로엔그린>에 나타난 원형적 특성」, 「상상계의 이미지로 재현되는 욕망의 아날로공」 등이 있다.

**김희경**

한국외국어대학교 외래교수. 재미창직연구소 소장. 저서로는 『트랜스미디어 콘텐츠의 세계』, 『테마공간의 스토리텔링과 이미지텔링』, 논문으로는 「디지털 사이니지의 공간성」 등이 있다.

**박성준**

한국외국어대학교 글로벌문화콘텐츠학과 박사과정/ 철학과 외래교수. 저서로는 『유튜브로 인문학하기』(공저)가 있으며, 논문으로는 「영화 《디스트릭트 9》에 나타난 폭력의 메커니즘」, 「《울보 권투부》에 나타난 재일청소년들의 동아리활동과 정체성 찾기」 등이 있다.

**박치완**

한국외국어대학교 철학과 및 글로벌문화콘텐츠학과 교수. 한국외국어대학교 글로컬창의산업연구센터(GCIC) 소장. 한국인문콘텐츠학회 회장 역임.
저서로는 『이데아로부터 시뮬라크르까지』, 『비주얼 컬쳐 시대의 이해』, 『공간의 시학과 무욕의 상상력』(공저), 『문화콘텐츠와 트랜스미디어』(공저), 『키워드 100으로 읽는 문화콘텐츠 입문사전』(공저), 『디지털인문학이란 무엇인가?』(공저) 등이 있으며, 비교문화연구와 문화이론 분야의 다양한 논문이 있다.

**안효성**

건국대학교 외래교수. 저서로는 『소통학』, 『신화와 콘텐츠』 등이 있고, 주요 논문으로는 「正祖 蕩平策의 公共性과 公論政治의 座標」, 「和諍과 蕩平은 어떻게 상대주의를 넘어서는가?」, 「정치의 고유성과 공공성: 정치철학의 근본문제와 경계 설정」 등이 있다.

**유제상**

한국외국어대학교, 용인송담대학교 외래교수. 저서로는 『문화콘텐츠학 강의』, 『스토리텔링 강의』, 『문화콘텐츠와 원형이론 강의』, 『새로운 문화콘텐츠학』(공저), 『문화콘텐츠와 트랜스미디어』(공저), 『디지털인문학이란 무엇인가?』(공저), 『문화연구와 문화콘텐츠』(공저), 『키워드 100으로 읽는 문화콘텐츠 입문사전』(공저) 등이 있다.

**이영아**

한국외국어대학교 글로벌문화콘텐츠학과 석박사통합과정. 저서로는 『영화속 숨은 공간 읽기』(공저), 『짠내나는 서울지앵』(공저) 등이 있으며, 논문으로는 「자유여행 시대 개막과 여행 소재 TV 프로그램의 흥행 분석」, 「미셸 푸코의 '헤테로토피아' 개념을 통해 본 <창문 넘어 도망친 100세 노인>」 등이 있다.

문화콘텐츠학 총서 006

# 에스닉 문화 콘텐츠

**초판 인쇄** 2019년 1월 4일
**초판 발행** 2019년 1월 11일

**지은이** 박치완 · 유제상 · 안효성 외
**발행인** 김인철
**총괄 · 기획** 가정준 Director, University Knowledge Press
**편집장** 신선호 Executive Knowledge Contents Creator
**도서편집** 박현정 Contents Creator
**전자책편집** 이리나 e-Contents Creator
**재무관리** 강현주 Managing Creator
**사전 · 출판** 정준희 Contents Creator
**마케팅 파트장** 백승이 Chief Marketing Creator
**마케팅** 이현진 Marketing Creator
**발행처** 한국외국어대학교 지식출판콘텐츠원
02450 서울특별시 동대문구 이문로 107
전화 02)2173-2493~7
팩스 02)2173-3363
홈페이지 http://press.hufs.ac.kr
전자우편 press@hufs.ac.kr
출판등록 제6-6호(1969. 4. 30)
**디자인 · 편집** (주)이환디앤비 02)2254-4301
**인쇄 · 제본** 네오프린텍 02)718-3111

ISBN 979-11-5901-437-6 93300 정가 20,000원

*잘못된 책은 교환하여 드립니다.



HUiNE은 한국외국어대학교 지식출판콘텐츠원의 어학도서, 사회과학도서, 지역학 도서 Sub Brand이다. 한국외대의 영문명인 HUFS, 현명한 국제전문가 양성(International +Intelligent)의 의미를 담고 있으며, 휴인(携引)의 뜻인 '이끌다, 끌고 나가다'라는 의미처럼 출판계를 이끄는 리더로서, 혁신의 이미지를 담고 있다.